Knödelschorsch

seine

Leckerchen

Autor:

- Hans-Georg Karl
- Baujahr: 1950
- Geburtsort: Wuppertal
- Tischlermeister
- Ausbildungsleiter im Bereich der beruflichen Bildung
- Hobbykoch
- Hobbypoet
- Nachwuchs:
  Sohn Marvin
  Schwiegertochter Meike
- Nachwuchs vom Nachwuchs:
  Enkeltochter Leona

Umschlagbilder:

Hans-Georg Karl

© 2011 by Hans-Georg Karl

http://www.knoedelschorsch.de

Bibliografische Information der Deutschen Nationalbibliothek:

Die Deutsche Nationalbibliothek verzeichnet diese Publikation in der Deutschen Nationalbibliografie.

Detaillierte bibliografische Daten sind im Internet über

http://www.dnb.de abrufbar.

Herstellung und Verlag: Books on Demand GmbH, Norderstedt

ISBN: 978-3-8448-0246-7

Vorwort

Mit einer Handvoll original thailändischer Rezepte startete am 13. November 2000 meine Homepage www.knoedelschorsch.de. Sie wurde in den folgenden Jahren zum Selbstläufer und setzte mich ständig unter Druck, neue Rezepte auszuprobieren.

Meine „Rezeptmaxime" lautet nämlich: nur was relativ leicht zu kochen/backen ist, was mir gut gelungen ist und noch dazu gut geschmeckt hat, kann sich Chancen ausrechnen, auf meine Homeage zu kommen.

Mittlerweile sind es über 600 Rezepte geworden und immer noch kommen neue dazu.

Einen Teil dieser Rezepte gibt es jetzt nicht nur im weltweiten Netz, sondern „handfest" in diesem Buch. Beim Zusammenstellen habe ich ganz bewusst auf Bilder von meinen Gerichten verzichtet. Jeder, der schon einmal nach Rezeptbüchern gekocht/gebacken hat, musste hinterher feststellen, dass das Kochergebnis sowieso nie so „schön" aussah wie auf den Rezeptfotos. Außerdem standen mir für Rezeptfotos keine Kunststoffe und ähnliche Produkte zur Verfügung, die alles so wunderschön aussehen lassen.

Allen „Nachkochern" und „Nachkocherinnen" wünsche ich viel Spaß mit den Leckerchen vom Knödelschorsch und natürlich gutes Gelingen und guten Appetit wenn es gelungen ist. Ach ja, zu Risiken und Nebenwirkungen fragen Sie besser nicht Ihren Arzt oder Diätberater.

Über einen Besuch auf meiner Homepage würde ich mich natürlich auch sehr freuen.

November 2011
Hans-Georg Karl alias Knödelschorsch

Aufgelistete Rezepte

Knödelrezepte

Suppen

Aufläufe

Pfannengerichte

Thailändische Gerichte

Gebackene Gerichte

Verschiedene Gerichte

Muffins

Desserts

Kuchen und Torten

Anmerkung zu den Rezepten

Damit alles gut gelingt, bitte folgendes beachten!

Alle Rezepte (außer Torten/Kuchen) sind für 4 „normale" Esser ausgelegt. Wenn nicht, ist es extra vermerkt.

Sofortgelatine / Fertiggelatine ist Gelatine in Pulverform und wird „trocken" untergerührt. Sie braucht nicht wie Blattgelatine eingeweicht und aufgelöst werden. Die Verarbeitung ist also wesentlich einfacher. Für alle Traditionalisten: 30 g Sofortgelatine / Fertiggelatine = 6 Blatt Gelatine

Größenordnungen:

Auflaufform ist ca. 30 cm x 22 cm groß

Durchmesser der Springform / Kranzform = 28 cm

Durchmesser der Gugelhupfform = 22 cm

Größe des Backblechs = 43 x 37 cm (außen)

Größe der Kastenform = 30 cm (2,5 l)

Backofen

Backofentemperatur gilt immer als vorgeheizt

Temperatur für „normalen" Backofen (ohne Umluft)

Abkürzungen:

EL = Esslöffel

TL = Teelöffel

TK = Tiefkühlkost

Für alle Rezepte gilt „Guten Appetit".

Knödeliges

aller Art

Käse - Kartoffel - Knödel

Zutaten

500 g Kartoffeln
50 g Weizengrieß
150 g Frischkäse
250 g Hackfleisch
1 Zwiebel
Salz, Pfeffer, Muskat

150 g Mehl
2 Eier
1 EL Butter
3 EL Petersilie
4 Knoblauchzehen

Zubereitung:

- Kartoffeln mit der Schale kochen.
- Sofort nach dem Kochen abpellen.
- Noch warm durch eine Kartoffelpresse drücken.
- Abkühlen lassen.
- Püree mit Mehl, Grieß, Eier, Frischkäse, Butter und Salz zu einem geschmeidigen Teig verkneten.
- Für die Füllung Zwiebel und Knoblauch fein hacken.
- In einer Pfanne mit etwas Öl glasig dünsten.
- Fleisch zugeben und krümelig braten.
- Mit den Gewürzen und der Petersilie abschmecken.
- Füllung etwas abkühlen lassen.
- Handtellergroße, flachgedrückte Teigstücke nehmen und etwas Füllung in die Mitte geben.
- Den Teig zusammenschlagen zu einem Knödel rollen.
- Knödel in kochendes Salzwasser geben.
- Wenn die Knödel oben schwimmen, bei kleiner Hitze etwa 10 Minuten weitergaren.
- Nach dem Abtropfen mit einer Bratensauce servieren.

Knödelauflauf mit Gemüse

Zutaten:

8 Semmelknödel (Kochbeutel oder frisch gemacht)
250 g Zucchini
250 g Möhren
3 Paprika
3 Stangen Lauch
200 ml Milch
2 TL Gemüsebrühepulver
200 g Schmand
150 g saure Sahne
200 g Creme fraîche
100 g Emmentaler (gerieben)
3 Eier
Salz, Pfeffer, Paprika

Zubereitung:

- Die Knödel in Salzwasser nach Anweisung kochen.
- Gemüse in kleine Scheiben bzw. Stücke schneiden.
- Im Knödelwasser das Gemüse 5 Minuten köcheln.
- Schmand, Creme fraîche, Sahne und Eier für die Soße cremig rühren.
- Gemüsebrühepulver und Milch verrühren.
- Milch zur Eiersoße geben.
- Die Soße mit Pfeffer, Salz und Paprika abschmecken.
- Knödel in 4 – 5 Scheiben schneiden.
- Eine Auflaufform fetten.
- Gemüse und Knödel abwechselnd einschichten.
- Die Soße gleichmäßig über den Auflauf gießen.
- Mit dem Emmentaler bestreuen.
- Bei 200° C etwa 30 Minuten im Backofen backen.

Pflaumenknödel
(Zwetschgenknödel)

Zutaten (für ca. 12 Knödel):

300 g Kartoffeln (fest kochend)	125 g Mehl
12 Stück Würfelzucker	20 g Butter
1 Prise Salz	1 Ei
Butter, Zucker, Zimt, Paniermehl	12 Pflaumen

Zubereitung:

- Die Kartoffeln in der Schale kochen.
- Warm pellen und durch eine Kartoffelpresse drücken.
- Kartoffelpüree auskühlen lassen.
- Mehl, Kartoffelpüree, Butter, Salz und Ei verkneten.
- Den Teig kurz ruhen lassen.
- Pflaumen entsteinen und aufschneiden.
- In jede Pflaume ein Stück Würfelzucker legen.
- Handtellergroße, flachgedrückte Teigstücke nehmen.
- In die Mitte eine Pflaume legen.
- Den Teig zusammenschlagen und zu einem Knödel rollen.
- Die Klöße in kochendes Wasser legen
- Etwa 10 - 15 Minuten gar ziehen lassen (nicht kochen).
- Klöße, die gar sind, schwimmen oben.
- Paniermehl, Butter, Zucker und Zimt in eine Pfanne geben.
- Erwärmen, bis die Butter aufgelöst ist.
- Die fertigen Knödel in der Paniermehlmasse wälzen.
- Kalt oder warm servieren.

Semmelknödel

Zutaten:

8 Brötchen (Semmel), altbacken
40 g Mehl
1 Zwiebel
1 EL Petersilie
½ l Milch
2 Eier
Butter, Salz, Muskat

Zubereitung:

- Die Brötchen in kleine Stücke schneiden.
- Zwiebel und Petersilie klein hacken.
- Petersilie und Zwiebel in der Butter anschwitzen.
- Milch erhitzen.
- Milch, Zwiebel, Petersilie über die Brotwürfel geben.
- Gut 30 Minuten einweichen lassen.
- Danach die Eier und das Mehl untermengen.
- Mit Salz und Muskat würzen.
- Aus dem Teig mit nassen Händen Knödel formen.
- Leicht gesalzenes Wasser zum Kochen bringen.
- Die Knödel in den Topf geben.
- Etwa 20 Minuten gar ziehen lassen.
- Das Wasser sollte dabei nur leicht köcheln.

Spinatknödel mit Hacksauce

Zutaten:

600 g Kartoffeln
200 g Cherrytomaten
500 g Hackfleisch
3 Knoblauchzehen
80 g Speisestärke
50 g geriebener Parmesan
250 ml Gemüsebrühe
Salz, Pfeffer, Muskat

500 g Spinat (TK)
200 g Möhren
1 Zwiebel
80 – 100 g Mehl
1 Ei
1 EL Tomatenmark
Butter, Olivenöl

Zubereitung:

- Kartoffeln in der Schale etwa 20 Minuten garen.
- Warm pellen und durch eine Kartoffelpresse drücken.
- Aufgetauten Spinat klein hacken und gut ausdrücken.
- Nach und nach das Ei, Spinat, Parmesan, Mehl und die Speisestärke unter die Kartoffeln kneten.
- Teig muss gut „formbar" sein.
- Mit Salz, Pfeffer und Muskat abschmecken.
- Mit bemehlten Händen Knödel formen.
- Im heißen Salzwasser die Knödel 15 Minuten garen.
- Vor dem Servieren in der heißen Butter schwenken.
- Für die Sauce Möhren und Tomaten klein würfeln.
- Zwiebel und Knoblauch fein hacken.
- Beides in Öl glasig dünsten.
- Hackfleisch zugeben und krümelig braten.
- Möhren kurz mitdünsten.
- Tomatenmark, Tomatenstücke, Brühe unterrühren.
- Mit Salz und Pfeffer abschmecken.
- Etwa 10 Minuten garen.
- Zusammen mit den Knödeln servieren.

Suppen

für den Kasper

Bohneneintopf mit Nudeln

Zutaten:

300 g getrocknete Bohnen
5 Scheiben Salami
4 Knoblauchzehen
2 Stangen Sellerie
100 ml Weißwein
Salz, Pfeffer, Parmesankäse

150 g Bandnudeln
1 Zwiebel
1 Möhre
1 Lorbeerblatt
1 Bund Petersilie
3 EL Olivenöl

Zubereitung:

- Bohnen über Nacht in Wasser einweichen.
- Am Kochtag Bohnen abgießen.
- Salami in kleine Stücke schneiden.
- Salami, Lorbeerblatt und Bohnen in einen Topf geben.
- Mit kaltem Wasser bedecken und aufkochen.
- Bei kleiner Hitze 1,5 bis 2 Stunden köcheln lassen.
- Bohnen müssen immer mit Wasser bedeckt sein.
- Zwiebel und Knoblauch klein hacken.
- Möhre und Sellerie klein würfeln.
- Zwiebel, Knoblauch, Möhre, Sellerie im Öl andünsten.
- Weißwein zugeben und 15 Minuten köcheln lassen.
- Die Hälfte der gegarten Bohnen zum Gemüse geben.
- Lorbeerblatt entfernen.
- Die andere Hälfte mit dem Kochwasser pürieren.
- Alles wieder zusammenmischen.
- Mit Pfeffer und Salz abschmecken.
- Nudeln klein brechen und zum Eintopf geben.
- So lange köcheln bis die Nudeln al dente sind.
- Petersilie klein hacken und unterrühren.
- Mit geriebenem Parmesan servieren.

Borschtsch mit Hackfleisch

Zutaten:

700 g Weißkohl
500 g Kartoffeln
250 g Möhren
300 g Rote Bete
500 g Hackfleisch
1 Zwiebel
1 Stange Porree
2 EL Tomatenmark
2 l Gemüsebrühe
1 EL Essig
100 g Schmalz
Salz, Pfeffer, saure Sahne

Zubereitung:

- Kohl und Porree klein schneiden.
- Kartoffel klein würfeln.
- Alles etwa 20 Minuten in der Gemüsebrühe kochen lassen.
- Rote Bete und Möhren klein raspeln.
- Zwiebel fein hacken.
- Gehackte Zwiebel im Schmalz glasig dünsten.
- Hackfleisch zugeben und krümelig braten.
- Tomatenmark unterrühren.
- Rote Bete und Möhren zugeben.
- Etwa 5 Minuten mitdünsten lassen.
- Gedünstetes zum Kohl geben und untermischen.
- Borschtsch mit Essig, Salz und Pfeffer abschmecken.
- Alles zusammen noch etwa 10 Minuten köcheln.
- Auf Tellern mit einem Klecks Sahne anrichten.

Chili con carne

Zutaten:

600 g Hackfleisch
2 Zwiebeln
1 große Dose Tomaten
5 Knoblauchzehen
1 kleine Dose Tomatenmark
600 g Kidneybohnen
120 ml Fleischbrühe
5 EL Rotwein
½ TL getrocknete, gemahlene Chilischoten
1 Paprika
Salz, Pfeffer

Zubereitung:

- Zwiebeln und Knoblauch klein würfeln.
- Beides in einer Pfanne glasig dünsten.
- Das Fleisch dazu geben und krümelig braten.
- Das Tomatenmark unterrühren.
- Paprika in kleine Stücke schneiden.
- Tomaten, Fleisch, Bohnen, Chili und Paprika in einen Topf geben.
- Alles mit der Fleischbrühe übergießen.
- Zur Geschmacksverfeinerung den Wein dazugeben.
- Mindestens eine Stunde köcheln lassen.
- Abschmecken mit Salz und Pfeffer.
- Schmeckt meistens am nächsten Tag noch besser.

Dicke Bohnen - Suppe

Zutaten:

750 g Dicke Bohnen
100 g Schlagsahne
500 g Hackfleisch
4 Zwiebeln
500 g Tomaten
1 l Fleischbrühe
200 g saure Sahne
1 EL Paprikapulver
100 g Tomatenmark
3 EL Öl
Salz, Pfeffer, Basilikum
Thymian, Oregano

Zubereitung:

- Zwiebeln fein hacken.
- Im Öl die Zwiebeln glasig dünsten.
- Hackfleisch zugeben und krümelig braten.
- Tomatenmark und Paprikapulver unterrühren.
- Bohnen zum Hackfleisch geben.
- Alles kurz andünsten.
- Mit der Fleischbrühe auffüllen.
- Die Gewürze hinzugeben.
- Etwa 25 Minuten bei schwacher Hitze garen.
- Tomaten schälen und klein schneiden.
- Klein Geschnittenes zur Suppe geben.
- Saure und süße Sahne unterrühren.
- Noch einmal 10 Minuten garen und abschmecken.

Erbsen - Creme - Suppe

Zutaten:

1 Liter Gemüsebrühe
600 g Erbsen (TK)
1 Zwiebel
3 Knoblauchzehen
150 g Creme fraîche
Salz, Pfeffer, Öl

Zubereitung:

- Zwiebel und Knoblauch fein hacken.
- Beides im Öl glasig dünsten.
- Mit der Brühe ablöschen.
- Erbsen zugeben und 30 Minuten köcheln lassen.
- 3 EL Erbsen aus dem Topf nehmen.
- Die restliche Suppe pürieren.
- Creme fraîche einrühren und kurz aufkochen lassen.
- Pfeffern und Salzen.
- Die 3 EL Erbsen auf die Suppenteller verteilen.
- Suppe auf die Teller geben.
- Mit einem Klecks Creme fraîche verzieren.

Indische Currysuppe

Zutaten:

3 Knoblauchzehen
1 Zwiebeln
500 ml Gemüsebrühe
1 EL Mehl
2 EL Olivenöl
1 l Milch
2 EL Currypulver
200 g Mandelblättchen
150 g Sahne
1 TL Honig
Salz, Pfeffer

Zubereitung:

- Zwiebel und Knoblauch sehr klein hacken.
- Beides im Öl mit dem Mehl andünsten.
- Brühe und Milch zugießen.
- Etwa 5 Minuten köcheln lassen.
- Currypulver unterrühren.
- Mit Pfeffer und Salz abschmecken.
- Schlagsahne mit dem Honig steif schlagen.
- Suppe auf die Teller geben.
- Mandelblättchen überstreuen.
- Sahneklecks in die Mitte der Suppe geben.

Kartoffel - Parmesan - Suppe

Zutaten:

300 g Kartoffeln
150 g Parmesankäse
1 Zwiebel
3 Knoblauchzehen
200 ml Gemüsebrühe
1 l Milch
1 Rosmarinzweig
Salz, Pfeffer, Olivenöl

Zubereitung:

- Kartoffeln klein würfeln.
- Nadeln des Rosmarinzweiges klein zerhacken.
- Zwiebel und Knoblauch fein hacken.
- Beides in Öl glasig dünsten.
- Kartoffelwürfel kurz mitdünsten.
- Mit der Milch und der Brühe ablöschen.
- Parmesan und Rosmarin unterrühren.
- Suppe etwa 20 Minuten köcheln lassen.
- Fertig geköchelte Suppe fein pürieren.
- Mit Salz und Pfeffer abschmecken.
- Noch einmal kurz aufkochen lassen.

Knoblauch - Creme - Suppe

Zutaten:

10 Knoblauchzehen
2 Zwiebeln
500 ml Gemüsebrühe
3 EL Olivenöl
2 Tomaten
3 EL Wein
1 Eigelb
150 g Sahne
4 Scheiben Toastbrot
½ Bund Schnittlauch
Salz, Pfeffer

Zubereitung:

- Zwiebel und Knoblauch sehr klein hacken.
- Beides im Öl glasig dünsten.
- Die Brühe zugießen und 20 Minuten köcheln lassen.
- Verquirltes Eigelb, Wein und Sahne unterrühren.
- Mit Pfeffer und Salz abschmecken.
- Tomaten enthäuten und klein schneiden.
- Toastbrot in kleine Würfel schneiden.
- Schnittlauch klein hacken.
- Brotstücke in heißem Öl rösten.
- Suppe auf die Teller geben.
- Mit den Brotstücken, den Tomaten und Schnittlauch bestreuen.

Kokos - Möhren - Suppe

Zutaten:

300 ml Kokosmilch
1 EL Curry
3 Frühlingszwiebeln
500 g Möhren
800 ml Gemüsefond
1 EL Öl
Pfeffer, Salz

Zubereitung:

- Die Möhren fein raspeln.
- Frühlingszwiebeln klein hacken.
- Möhren und Zwiebeln im Öl andünsten.
- Das Currypulver einrühren.
- Gemüsefond unterrühren.
- Alles kurz aufkochen lassen.
- Die Suppe etwa 15 Minuten garen.
- Anschließend die Suppe pürieren.
- Die Kokosmilch einrühren.
- Noch einmal aufkochen lassen.
- Suppe mit Salz und Pfeffer abschmecken.

Linsen - Eintopf

Zutaten:

250 g rote Linsen
2 Zwiebeln
900 ml Gemüsebrühe
2 rote Paprika
2 Dosen stückige Tomaten
2 Mettwürstchen
2 Stangen Porree
4 Knoblauchzehen
125 ml Weißwein
2 TL Currypulver
2 EL Koriander (frisch)
Salz, Pfeffer, Olivenöl

Zubereitung:

- Gemüsebrühe in einem Topf aufkochen lassen.
- Linsen in der Brühe etwa 45 Minuten garen.
- Zwiebeln und Knoblauch fein hacken.
- Paprika und Porree in kleine Stücke schneiden.
- Korianderblättchen klein hacken.
- Mettwurst in dünne Scheiben schneiden.
- Zwiebeln und Knoblauch im Öl glasig dünsten.
- Tomatenstücke mit Saft, Paprika, Porree zugeben.
- Koriander, Mettwurst, Currypulver und Wein unter das Gemüse rühren.
- Kurz aufkochen lassen.
- Linsen mit Brühe unterrühren.
- Mit Salz und Pfeffer scharf abschmecken.
- Den Eintopf noch 15 Minuten köcheln lassen.
- Mit Koriander überstreut servieren.

Mandelsuppe a la La Palma

Zutaten:

100 g gemahlene Mandeln
300 g Sahne
750 ml Hühnerbrühe
4 Eigelb
4 EL Sherry
Salz, Pfeffer, Olivenöl
Mandelblättchen zum Bestreuen

Zubereitung:

- Mandeln ii einem Topf ohne Fett anbräunen.
- Etwas Öl zugeben und verrühren.
- Brühe nach und nach zugeben.
- Etwa 10 Minuten köcheln lassen.
- Eigelb mit 200 g Sahne verrühren.
- Nach und nach in die kochende Suppe rühren.
- Sherry in die Suppe geben.
- Evtl. auch in den Koch/Köchin.
- Mit Salz und Pfeffer abschmecken.
- Restsahne steif schlagen.
- Suppe auf Suppentellern anrichten.
- Auf jeden Teller einen Klecks Sahne geben.
- Mit den Mandelblättchen überstreuen.

Minestrone

Zutaten:

300 g grüne Bohnen
1 Stange Porree
2 Stangen Sellerie
250 g Möhren
1 Zwiebel
3 Knoblauchzehen
2 Zucchini
1 Dose weiße Bohnen
2 kleine Dosen Pizzatomaten
120 g Suppennudeln
1,5 l Fleischbrühe
3 EL Olivenöl
Salz, Pfeffer, Rosmarin

Zubereitung:

- Gemüse in kleine Stücke bzw. Ringe schneiden.
- Zwiebel und Knoblauch fein hacken.
- Beides im Öl glasig dünsten.
- Sellerie, Porree und Möhren etwa 5 Minuten mit-dünsten.
- Mit der Brühe ablöschen.
- Bohnen und Pizzatomaten zugeben.
- Etwa 15 Minuten köcheln lassen.
- Nudeln, Zucchini und Bohnen untermengen.
- Mit den Gewürzen abschmecken.
- Noch einmal 10 Minuten köcheln lassen.
- Minestrone heiß servieren.

Möhren durcheinander

Zutaten:

800 g Möhren
5 Zwiebeln
800 g Kartoffeln
500 ml Gemüsebrühe
4 Mettwürstchen
1 EL Öl
Petersilie
Pfeffer, Salz, Muskat

Zubereitung:

- Die Kartoffeln schälen.
- Möhren und Kartoffeln in kleine Würfel schneiden.
- Mettwürstchen halbieren.
- Zwiebeln klein hacken.
- Alles zusammen in einen Topf geben.
- Mit der Brühe und dem Öl übergießen.
- Aufkochen lassen und ca. 30 Minuten garen.
- Mit den Gewürzen abschmecken.
- Mettwürstchen heraus nehmen und klein schneiden.
- Kartoffelmöhren zerstampfen (nur bei sehr großen Mengen mit den Füßen stampfen).
- Mettwurststückchen wieder in den Eintopf geben.
- Vor dem Servieren mit Petersilie überstreuen.

Reiseintopf mit Hackbällchen

Zutaten:

200 g Reis	300 g Hackfleisch
200 g Bohnen (TK)	1 Dose Mais
1 Stück Sellerie	1 Stange Porree
2 große Möhren	1 Zwiebel
3 Knoblauchzehen	2 Tomaten
1700 ml Gemüsebrühe	1 Ei
2 EL Tomatenmark	1 grüne Paprika
1 Päckchen gemahlener Safran	2 EL Paniermehl
Salz, Pfeffer, Zitronensaft, Zucker	2 EL Olivenöl

Zubereitung:

- Porree, Paprika und Tomaten klein schneiden.
- Sellerie und Möhren grob raspeln.
- Bohnen kurz mit heißem Wasser abbrühen.
- Zwiebel und Knoblauch fein hacken.
- Beides im Öl glasig dünsten.
- Brühe und Safran einrühren.
- Reis zugeben und gut verrühren.
- Etwa 20 Minuten kochen lassen.
- Nach ca. 10 Minuten das Gemüse zum Reis geben.
- Alles zusammen fertig garen.
- Mit Salz, Pfeffer, Zucker, Zitronensaft abschmecken.
- Während der Garzeit die Hackbällchen herstellen.
- Paniermehl, Ei, Tomatenmark und Hack verkneten.
- Salzen und Pfeffern.
- Aus der Fleischmasse kleine Bällchen formen.
- Bällchen auf ein Backblech (Backpapier) legen.
- Bei 180° C etwa 15 Minuten backen.
- Suppe mit Hackbällchen auf tiefen Tellern anrichten.

Rosenkohl - Eintopf

Zutaten:

1 kg Rosenkohl
700 g Kartoffeln
500 g Hackfleisch
300 g Schmelzkäse
150 g Mettwurst
200 g Sahne
200 g Schmand
1,5 l Gemüsebrühe
Salz, Pfeffer, Muskatnuss

Zubereitung:

- Rosenkohl putzen und vierteln.
- Kartoffeln schälen und klein würfeln.
- Mettwurst in Scheiben schneiden.
- Hackfleisch in einem Topf mit etwas Öl anbraten.
- Mit der Brühe ablöschen.
- Rosenkohl, Kartoffeln und Mettwurst zugeben.
- Alles etwa 30 Minuten köcheln lassen.
- Mit den Gewürzen abschmecken.
- Sahne und Schmand unterrühren.
- Käse im Eintopf zerschmelzen.
- Alles zusammen kurz aufköcheln lassen.
- Noch einmal Abschmecken mit den Gewürzen.

Rucola - Suppe

Zutaten:

150 g Rucola
1 Zwiebel
3 Knoblauchzehen
100 g Paprikasalami
150 g Frischkäse
250 ml Milch
650 ml kaltes Wasser
100 ml Weißwein
2 EL Basilikumblätter
30 g Mehl
30 g Butter
1 EL Gemüsebrühepulver
1 EL Zitronensaft
Salz, Pfeffer, Muskatnuss

Zubereitung:

- Zwiebel und Knoblauch fein hacken.
- Zusammen mit der Butter glasig dünsten.
- Mehl mit dem Schneebesen schnell einrühren.
- Wasser, Wein und Milch unterrühren.
- Mit dem Brühepulver kurz aufkochen lassen.
- Rucola und Basilikum grob klein schneiden.
- Frischkäse, Basilikum und Rucola fein pürieren.
- Püree unter die Suppe rühren.
- Mit den Gewürzen und Zitronensaft abschmecken.
- Salami in kleine Stückchen schneiden.
- Ebenfalls zur Suppe geben.
- Alles zusammen noch einmal kurz köcheln lassen.
- Mit Rucolablättchen garniert servieren.

Sauerkrautsuppe

Zutaten:

400 g Sauerkraut
500 g Hackfleisch
2 Zwiebeln
3 Knoblauchzehen
3 Möhren
1 grüne Paprika
50 g Champignons
1 Dose Pizzatomaten
3 EL Gewürzketchup
1 l Gemüsebrühe
Salz, Pfeffer, Schnittlauch, Olivenöl

Zubereitung:

- Zwiebeln und Knoblauch fein hacken.
- Beides im Öl glasig dünsten.
- Hackfleisch zugeben und krümelig braten.
- Möhren fein raspeln.
- Paprika und Pilze klein schneiden.
- Gemüse und Sauerkraut zum Fleisch geben
- Alles kurz mitdünsten lassen.
- Mit der Brühe ablöschen.
- Ketchup und Pizzatomaten untermengen.
- Mit Salz und Pfeffer abschmecken.
- Suppe etwa 45 Minuten köcheln lassen.
- Vor dem Servieren mit Schnittlauch bestreuen.

Tortellini - Suppe

Zutaten:

750 ml Gemüsefond
1 Zwiebel
250 g Käse – Tortellini
3 Knoblauchzehen
150 g Creme fraîche
100 ml Weißwein
2 EL Oregano
Parmesankäse
1 EL Olivenöl
Salz, Pfeffer, Paprika

Zubereitung:

- Zwiebel und Knoblauch klein hacken.
- Beides im Öl glasig dünsten.
- Gemüsefond unterrühren.
- Kurz aufkochen lassen.
- Weißwein und Creme fraîche einrühren.
- Oregano unterrühren.
- Mit Salz, Pfeffer und Paprika abschmecken.
- Tortellini zur Suppe geben.
- Etwa 2 – 3 Minuten leicht köcheln lassen.
- Suppe auf Suppenteller verteilen.
- Mit geriebenem Parmesan bestreuen.

Ungarischer Eintopf

Zutaten:

350 g Kartoffeln
3 Knoblauchzehen
2 große Möhren
100 g Champignons
500 g Hackfleisch
350 g passierte Tomaten
2 TL Paprikapulver, scharf
Salz, Pfeffer, Olivenöl

2 Paprikaschoten
2 Zwiebeln
2 Stangen Porree
150 g Erbsen (TK)
500 ml Hühnerbrühe
500 ml Tomatensaft
1 TL Oregano

Zubereitung:

- Kartoffeln und Möhren klein würfeln.
- Paprika, Pilze und Porree klein schneiden.
- Zwiebeln und Knoblauch fein hacken.
- Beides in einem großen Topf in Öl glasig dünsten.
- Pilze zugeben und mitdünsten.
- Hackfleisch in den Zwiebel-Pilzen krümelig braten.
- Porree, Paprika, Kartoffeln und Möhren kurz mitdünsten.
- Mit der Brühe ablöschen.
- Tomatensaft und passierte Tomaten unterrühren.
- Eintopf mit den Gewürzen abschmecken.
- Deckel drauf und etwa 40 Minuten garen.
- Nach 35 Minuten die Erbsen zugeben.
- Noch einmal abschmecken und heiß servieren.

Aufläufe

die laufen

Auberginen - Moussaka

Zutaten:

900 g Auberginen
400 g Kartoffeln
600 g Hackfleisch
6 Knoblauchzehen
2 Zwiebeln
150 ml Weißwein
1 kleine Dose Tomatenmark
200 g Schafs- oder Ziegenkäse
2 Eiweiß
2 Eigelb
500 ml Milch
100 g geriebener Käse
2 EL Butter
2 EL Mehl
½ TL Zimt
2 EL Petersilie
Salz, Pfeffer, Muskat, Öl

Zubereitung:

- Kartoffeln in der Schale ca. 15 Minuten kochen.
- Nach dem Erkalten abpellen und in Scheiben schneiden.
- Auberginen ebenso in Scheiben (ca. 1 cm) schneiden.
- In einer Pfanne die Auberginen portionsweise von beiden Seiten anbraten.
- Zum Entfetten die Scheiben auf Küchenpapier legen.
- Zwiebeln und Knoblauch fein hacken.
- Beides in Öl glasig dünsten.
- Hackfleisch zugeben und krümelig braten.
- Wein und Tomatenmark unter das Fleisch rühren.

- Mit Salz, Pfeffer und Zimt abschmecken.
- Klein gewürfelten Schafskäse, klein gehackte Petersilie und Eiweiß unterrühren.
- Butter in einem Topf bei milder Hitze aufschäumen lassen.
- Mehl zugeben und unter Rühren anschwitzen lassen.
- Ebenfalls unter Rühren die Milch zugießen.
- Soße etwa 10 Minuten köcheln und abkühlen lassen.
- In der Zwischenzeit eine Auflaufform einfetten.
- Auberginen, Kartoffeln, Hackfleisch schichtweise einfüllen.
- Vorgang wiederholen, bis alle Zutaten verbraucht sind.
- In die abgekühlte Soße Eigelb und den geriebenen Käse unterrühren.
- Mit Salz, Pfeffer und Muskat abschmecken.
- Bechamelsoße über den Auflauf geben.
- Im vorgeheizten Backofen bei 200° C ca. 35 – 40 Minuten backen.

Buntes Nudelgratin

Zutaten:

400 g bunte Nudeln
75 g Salami (dünne Scheiben)
250 g Mozzarella
1 Bund Schnittlauch
150 g Sahne
2 TL Gemüsebrühe (Instant)
240 g Pizzatomaten
200 g Erbsen (TK)
Pfeffer, Salz

Zubereitung:

- Nudeln in Salzwasser gar kochen.
- Danach gut abtropfen lassen.
- Schnittlauch fein hacken.
- Mozzarella klein würfeln (1 cm).
- Salami in schmale Streifen schneiden.
- Sahne in einem Topf erhitzen.
- Gemüsebrühepulver darin auflösen.
- Nudeln, Tomaten (mit Saft) untermengen.
- Erbsen, Schnittlauch, Salami ebenfalls unterrühren.
- Mit Salz und Pfeffer abschmecken
- Etwa zwei Drittel vom Mozzarella untermischen.
- Nudelmasse in eine gefettete Auflaufform geben.
- Den restlichen Mozzarella darauf verteilen.
- Bei 200° C etwa 25 – 35 Minuten goldbraun backen.

Chili con carne - Auflauf

Zutaten:

500 g Hackfleisch	100 g Fetakäse
2 Stangen Porree	1 rote Paprika
100 g geriebener Käse	4 Zwiebeln
1 große Dose Kidneybohnen	2 EL Tomatenmark
3 Knoblauchzehen	3 Eier
750 ml Fleischbrühe	5 EL Sahne
2 scharfe rote Chilischoten	1 Dose Mais
Öl, Pfeffer, Salz	

Zubereitung:

- Porree und Paprika in klein schneiden.
- Zwiebel, Chilischoten und Knoblauch hacken
- Klein gehacktes in Öl glasig dünsten.
- Hackfleisch zugeben und krümelig braten.
- Tomatenmark unter das Hackfleisch rühren.
- Die Gemüsebrühe zugießen.
- Mit Salz und Pfeffer abschmecken.
- Bohnen, Porree und Paprika unterrühren.
- Alles ein paar Minuten köcheln lassen.
- Ein Drittel der Maiskörner mit der Sahne pürieren.
- Salz, Pfeffer und die Eier mit dem Püree verrühren.
- Restmais und Fetakäse (zerkrümelt) unterrühren.
- Eine Auflaufform fetten.
- Die Bohnenmischung einfüllen.
- Maispüree auf den Bohnen verteilen.
- Den geriebenen Käse über den Auflauf streuen.
- Bei 200° C etwa 45 Minuten backen.

Gemüse unter Kartoffelhaube

Zutaten:

750 g Kartoffeln
500 ml Milch
250 g Möhren
30 g Butter
500 g Wirsing
50 g Margarine
2 Stangen Porree
2 EL Mehl
2 Kohlrabi
100 g geriebener Käse
Salz, Pfeffer, Muskat

Zubereitung:

- Kartoffeln in Salzwasser kochen.
- Noch heiß durch eine Kartoffelpresse pressen.
- Mit ¼ l Milch, Butter, Salz und Muskat verrühren.
- Gemüse putzen und klein schneiden.
- Etwa 20 Minuten in Salzwasser leicht kochen.
- Margarine zerlassen.
- Das Mehl einrühren.
- Mit ¼ l Milch und dem Käse aufkochen lassen.
- Salzen und Pfeffern.
- Gemüse in eine gefettete Auflaufform schichten.
- Käsesauce darüber gießen.
- Das Kartoffelpüree darauf verteilen.
- Bei 175 – 180° C ca. 45 Minuten überbacken.

Gnocchi - Gratin

Zutaten:

600 g frische Gnocchi (aus dem Kühlregal)
250 g Gorgonzola
200 g Kirschtomaten
1 Apfel
1 Birne
150 ml Milch
1 EL heller Soßenbinder
Salz, Pfeffer

Zubereitung:

- Gorgonzola klein würfeln.
- Milch erhitzen und den Gorgonzola darin schmelzen.
- Ab und zu umrühren.
- Salzen und Pfeffern.
- Mit dem Soßenbinder die Sauce cremig andicken.
- Apfel und Birne in kleine Stücke schneiden.
- Tomaten vierteln.
- Eine Auflaufform einfetten.
- Gnocchi, Apfel, Birne und Tomaten darin verteilen.
- Die Sauce gleichmäßig übergießen.
- Bei 200° C etwa 30 Minuten überbacken.

Grünkohl - Kartoffel - Auflauf

Zutaten:

1 kg Kartoffeln	1 kg Grünkohl (TK)
300 g Mettwurst	50 g Schmalz
150 ml Gemüsebrühe	3 Zwiebeln
250 g Creme fraîche	150 ml Milch
2 EL Senf	1 EL Butter
Salz, Pfeffer, Muskat	

Zubereitung:

- Zwiebeln klein hacken.
- Im Schmalz die Zwiebeln glasig dünsten.
- Mit der Gemüsebrühe ablöschen.
- Unaufgetauten Grünkohl zugeben.
- Etwa 30 Minuten garen lassen.
- (Frischen Grünkohl hacken und 10 Minuten garen.)
- Kartoffeln schälen und 20 Minuten kochen.
- Inzwischen die Mettwurst in kleine Stücke schneiden.
- Wurststücke unter den Grünkohl rühren.
- Noch einmal zehn Minuten garen lassen.
- Kartoffel abgießen und mit Milch und Butter zerstampfen.
- Mit Salz und Muskat abschmecken.
- Fertig gegarten Grünkohl ebenfalls würzen.
- Kartoffelpüree in eine gefettete Auflaufform geben.
- Grünkohl auf die Kartoffeln schichten.
- Creme fraîche und Senf verrühren.
- Verrührte Creme auf den Grünkohl streichen.
- Bei 200° C etwa 15 Minuten überbacken.

Kartoffel - Möhren - Gratin

Zutaten:

750 g Kartoffeln
500 g Möhren
1 Kohlrabi
2 Äpfel (300 g)
400 g Schlagsahne
1 Bund Majoran
200 g geriebener Emmentaler Käse
Salz, Pfeffer, Curry

Zubereitung:

- Kartoffeln, Kohlrabi und Möhren in dünne Scheiben schneiden.
- Die Äpfel schälen und vierteln.
- Viertel ebenfalls in dünne Scheiben schneiden.
- Majoran klein hacken.
- Sahne, Curry und Majoran verrühren.
- Mit Salz und Pfeffer abschmecken
- Eine Auflaufform fetten.
- Alle Scheiben einschichten.
- Sahnesauce über die Scheiben gießen.
- Den Käse überstreuen.
- Im Backofen bei 225° C ca. 60 Minuten backen.

Kartoffelauflauf mit Ei

Zutaten:

1,5 kg Kartoffeln
6 hartgekochte Eier
1 kleines Glas Knackwürstchen (Bockwürstchen)
300 g saure Sahne
30 g Semmelbrösel
50 g Butter oder Margarine
250 ml Milch

Zubereitung:

- Kartoffel kochen.
- Noch warm durch eine Kartoffelpresse pressen.
- Mit Milch und Salz zu einer geschmeidigen Masse verrühren
- Masse in eine gefettete Auflaufform geben
- Dabei die Eier und die Würstchen mit „einbauen".
- Sahne über den Auflauf gießen.
- Mit Semmelbrösel bestreuen.
- Butterflöckchen darüber geben.
- Bei 225° C etwa 30 – 40 Minuten überbacken.

Kartoffelauflauf mit Spinat

Zutaten:

1 kg Kartoffeln
250 g Cherrytomaten
500 g Blattspinat (TK)
200 g Schlagsahne
1 Ei
150 g geriebener Käse
1 TL Oregano
Pfeffer, Salz, Muskat

Zubereitung:

- Den Spinat nach Packungsanweisung garen.
- Geschälte Kartoffeln in dünne Scheiben schneiden.
- Spinat, Käse und Kartoffelscheiben vermischen.
- Die Sahne mit dem Ei verrühren.
- Ei-Sahne mit Salz, Pfeffer, Muskat und Oregano würzen.
- Gewürzte Ei-Sahne unter die Kartoffelmasse rühren.
- Eine Auflaufform einfetten.
- Kartoffelmasse in die Form füllen.
- Die Tomaten halbieren.
- Tomaten mit der Schnittfläche nach oben auf die Kartoffeln setzen.
- Bei 200° C etwa 40 – 50 Minuten backen.

Linsenauflauf

Zutaten:

250 g Linsen	350 g Porree
650 g Kartoffeln	2 Möhren
2 Zwiebeln	3 Knoblauchzehen
100 g geriebener Käse	5 EL Olivenöl
250 g Mettwürstchen	2 Eier
750 ml Wasser	100 ml Weißwein
125 ml Sahne	2 Lorbeerblätter
1 Bund Schnittlauch	Salz, Pfeffer, Oregano

Zubereitung:

- Zwiebeln und Knoblauch fein hacken.
- Würstchen in Scheiben schneiden.
- Knoblauch und Zwiebeln in 1 EL Öl glasig dünsten.
- Mit Wasser und Wein ablöschen.
- Linsen, Lorbeerblätter, Wurst und Salz unterrühren.
- Etwa 60 Minuten köcheln lassen.
- Gelegentlich umrühren.
- Möhren und Kartoffeln in dünne Scheiben schneiden.
- Porree in Ringe schneiden.
- In einer Pfanne das Restöl erhitzen.
- Gemüse mit Salz im Öl etwa 10 Minuten dünsten.
- Abgetropfte Linsen mit dem Gemüse vermengen.
- Schnittlauch klein hacken.
- Eier mit der Sahne verschlagen.
- Mit den Gewürzen und Schnittlauch abschmecken.
- Sahnemischung unter die Auflaufmasse rühren.
- Sofort in eine gefettete Auflaufform geben.
- Mit dem Käse überstreuen.
- Bei 210° C etwa 30 Minuten backen.

Pilzauflauf mit Gorgonzola

Zutaten:

500 g Champignons
300 g Nudeln
4 hart gekochte Eier
1 EL Butter
200 ml Gemüsebrühe
80 g geriebener Käse
Salz, Pfeffer, Öl

3 Stangen Porree
1 Dose Mais
150 g Gorgonzola
1 EL Mehl
200 ml Milch
1 Bund Schnittlauch

Zubereitung:

- Nudeln in Salzwasser mit etwas Öl al dente kochen.
- Porree und Pilze in kleine Scheiben schneiden.
- Beides in Öl ca. 8 – 10 Minuten anbraten.
- Salzen und Pfeffern.
- Fertige Nudeln abgießen und abtropfen lassen.
- Nudeln, Porree, Pilze und Mais vermischen.
- Eier in Scheiben schneiden.
- Schnittlauch klein hacken.
- Mehl in der zerlassenen Butter anschwitzen lassen.
- Brühe und Milch unter Rühren zugeben.
- Die Soße aufkochen lassen.
- Gorgonzola darin schmelzen.
- Schnittlauch unterrühren.
- Mit Salz und Pfeffer abschmecken.
- Halbe Soßenmenge mit den Nudeln vermischen.
- Gemischte Nudeln in eine Auflaufform geben.
- Mit der Restsoße übergießen.
- Eierscheiben auf den Auflauf schichten.
- Mit dem geriebenen Käse überstreuen.
- Bei 200° C etwa 25 – 30 Minuten überbacken.

Reibekuchen – Auflauf

Zutaten für 4 – 5 Personen:

600 g Reibekuchen bzw. Kartoffelpuffer (TK)

1 Zwiebel	3 Knoblauchzehen
500 g Hackfleisch	1 Zucchini
200 g Zuckererbsenschoten	1 Paprikaschote
1 Brokkolikopf	1 Fenchelknolle
4 Möhren	3 EL Tomatenmark
1 Kohlrabi	3 EL Gewürzketchup
200 g Schmand	200 g geriebener Käse
4 Eier	Salz, Pfeffer, Oregano, Öl

Zubereitung:

- Gemüse klein schneiden.
- Zwiebel und Knoblauch fein hacken.
- Beides in Öl glasig dünsten.
- Hackfleisch zugeben und krümelig braten.
- Tomatenmark und Ketchup unterrühren.
- Die Gemüsestückchen untermengen.
- Etwa 15 Minuten dünsten.
- Mit den Gewürzen abschmecken.
- Reibekuchen nach Anweisung knusprig braten.
- Eine gefettete Auflaufform mit den Reibekuchen auslegen.
- Schmand, Eier und 80 g Käse verquirlen.
- Mit den Gewürzen abschmecken.
- Soße unter das Gemüse mengen.
- Gemüse sofort auf die Reibekuchen geben und glatt streichen.
- Den Restkäse überstreuen.
- Bei 200° C etwa 30 Minuten überbacken.

Risotto - Auflauf

Zutaten:

300 g Bohnen (TK)
3 Stangen Porree
100 g geriebener Käse
400 g Möhren
3 Knoblauchzehen
750 ml Gemüsebrühe
Öl, Pfeffer, Salz

250 g Risottoreis
300 g Putenfleisch
1 Zwiebel
1 Bund Petersilie
5 EL Weißwein
1 Dose Mais

Zubereitung:

- Gefrorenen Bohnen in Salzwasser 5 Minuten kochen.
- Bohnen abtropfen lassen.
- Porree und Möhren in Scheiben schneiden.
- Zwiebel und Knoblauch klein hacken.
- Beides in Öl glasig dünsten.
- Den Reis dazugeben und gut im Bratfett wenden.
- Die Hälfte der Brühe zugießen und bei kleiner Hitze garen, bis die Flüssigkeit vom Reis aufgesogen ist.
- Dabei immer wieder umrühren.
- Nach und nach Weißwein und Restbrühe zugeben.
- Möhren und Porree in der Zwischenzeit in etwas Gemüsebrühe andünsten.
- Putenfleisch klein schneiden und anbraten.
- Wenn die Flüssigkeit im Risotto fast verkocht ist, das Gemüse, den Mais und das Fleisch untermischen.
- Petersilie klein hacken und ebenfalls unterrühren.
- Mit Salz und Pfeffer abschmecken.
- Alles in eine Auflaufform geben.
- Geriebenen Käse über den Auflauf streuen.
- Bei 200° C etwa 25 Minuten backen.

Rosenkohl - Nudel - Auflauf

Zutaten:

250 g Nudeln
800 g Rosenkohl
100 g Schmelzkäse
500 ml Gemüsebrühe
100 g geriebener Käse
2 Zwiebeln
3 Knoblauchzehen
2 EL Speisestärke
400 g Putenhackfleisch
2 EL Schnittlauch
Pfeffer, Salz, Muskat, Olivenöl

Zubereitung:

- Die Nudeln in Salzwasser al dente garen.
- Gegarte Nudeln mit kaltem Wasser erschrecken.
- Den Rosenkohl in 200 ml Brühe 10 Minuten dünsten.
- Zwiebeln und Knoblauch klein hacken.
- Beides in einer Pfanne mit Öl glasig dünsten.
- Hackfleisch zugeben und krümelig braten.
- Nudel, Rosenkohl und Fleisch vermischen.
- Alles in eine gefettete Auflaufform geben.
- Restliche Brühe erhitzen.
- Den Schmelzkäse in der Brühe auflösen.
- Speisestärke zugeben und aufkochen lassen.
- Schnittlauch unterrühren.
- Mit Salz, Pfeffer und Muskat abschmecken.
- Käsesauce über den Auflauf geben.
- Geriebenen Käse über den Auflauf streuen.
- Bei 200° C etwa 15 – 20 Minuten überbacken.

Sauerkrautauflauf

Zutaten:

850 g tafelfertiges Sauerkraut
700 g Kartoffeln
4 Tomaten
1 grüne Paprika
1 gelbe Paprika
2 Zwiebeln
200 g Sahne
200 g Schmand
100 g geriebener Käse
2 Eier
Paprikapulver, Pfeffer, Salz, Chilipulver

Zubereitung:

- Die Kartoffeln in der Schale kochen.
- Danach pellen und in Scheiben schneiden.
- Zwiebeln halbieren und in Scheiben schneiden.
- Tomaten ebenfalls scheibchenweise schneiden.
- Paprika in klein würfeln.
- Das Sauerkraut abtropfen lassen.
- Tropffreies Sauerkraut in eine gefettete Auflaufform geben.
- Zwiebeln, Paprika, Tomaten und Kartoffeln auf das Kraut legen.
- Die Eier mit der Sahne und dem Schmand verquirlen.
- Mit Pfeffer, Salz, Paprika und Chili scharf würzen.
- Eiersauce über den Auflauf gießen.
- Als letzte Schicht den Käse überstreuen.
- Bei 175° C etwa 40 – 50 Minuten überbacken.

Spätzle - Auflauf

Zutaten:

350 g Eierspätzle
150 ml Milch
2 Stangen Porree
4 Eier
200 g geriebener Käse
1 EL Majoran
300 g Kirschtomaten
100 g Sahne
Muskat, Pfeffer, Salz

Zubereitung:

- Spätzle in Salzwasser ca. 10 Minuten bissfest kochen.
- Danach die Spätzle mit kaltem Wasser erschrecken.
- Nudeln abtropfen lassen.
- Abgetropfte Nudeln in eine gefettete Auflaufform geben.
- Majoran klein hacken.
- Eier, Sahne, Milch, Majoran mit halber Käsemenge verrühren.
- Mit den Gewürzen abschmecken.
- Sahne – Käsemischung über die Spätzle gießen.
- Bei 200° C etwa 15 Minuten backen.
- In der Zwischenzeit Tomaten und Porree in Scheiben schneiden.
- Den Auflauf aus dem Ofen nehmen.
- Mit den Tomaten und Porree belegen.
- Restlichen Käse überstreuen.
- Nochmals bei 200° C ca. 25 Minuten überbacken.

Tortellini - Auflauf

Zutaten:

500 g Tortellini (Füllung nach Wunsch)
300 g Champignons
250 g passierte Tomaten
100 g geriebener Käse
100 g Putenbrust in dünnen Scheiben
3 Knoblauchzehen
Öl, Pfeffer, Salz

Zubereitung:

- Tortellini in Salzwasser nach Packungsanweisung garen.
- Putenbrustscheiben in kleine Stücke schneiden.
- Pilze in Scheiben schneiden.
- Öl in einer Pfanne erhitzen und die Pilze kurz anbraten.
- Tomaten und zerquetschten Knoblauch unterrühren.
- Aufkochen lassen und Salzen und Pfeffern.
- Putenstücke unterrühren.
- Champignonsauce und Tortellini vermischen.
- Eine Auflaufform fetten.
- Tortellini einfüllen.
- Den geriebenen Käse über den Auflauf streuen.
- Bei 200° C etwa 15 – 20 Minuten überbacken.

Westfälischer Sauerkrautauflauf

Zutaten:

850 g Kartoffeln
600 g Sauerkraut
250 g Mettwurst
100 g geriebener Käse
500 ml Milch
4 Eier
1 Apfel
1 Birne
1 Bund Schnittlauch
Salz, Pfeffer
Butter für die Form

Zubereitung:

- Kartoffeln am Vortag in der Schale kochen.
- Am Kochtag die Kartoffeln pellen.
- Mettwurst und Kartoffeln in Scheiben schneiden.
- Apfel und Birne klein würfeln.
- Die Auflaufform einfetten.
- Schichtweise Sauerkraut, Kartoffeln, Mettwurst, Apfel, Birne einfüllen.
- Beim Einfüllen halbe Käsemenge mit einarbeiten.
- Letzte Schicht sollte Sauerkraut sein.
- Eier, Milch und Restkäse verquirlen.
- Mit den Gewürzen abschmecken.
- Abgeschmecktes über den Auflauf gießen.
- Bei 200° C etwa 60 Minuten überbacken.
- Wenn die Oberfläche zu braun wird, mit Alufolie abdecken.
- Fertigen Auflauf mit Schnittlauchröllchen bestreuen.

Aus der Pfanne

auf den Tisch

Bohnenfrikadellen

Zutaten für etwa 30 - 40 Stück:

500 g getrocknete weiße Bohnen
2 Zwiebeln
4 Knoblauchzehen
½ TL Backpulver
1 TL Kreuzkümmel
1 TL getrockneter Koriander
1 Bund Petersilie
1 Bund frischer Koriander
Chilipulver, Frittieröl

Zubereitung:

- Bohnen etwa 24 Stunden in kaltem Wasser einweichen.
- Bohnenwasser abgießen.
- Zwiebeln und Knoblauch fein hacken.
- Alle Zutaten bis auf das Öl in eine Küchenmaschine geben.
- Mit der Maschine alles zu einer Paste verrühren.
- Paste etwa 30 Minuten ruhen lassen.
- Aus der Masse kleine Frikadellen formen.
- In heißem Öl goldbraun frittieren.

Curry - Fleischklößchen
mit Mango - Dip

Zutaten:

2 Zwiebeln	3 Knoblauchzehen
600 g Hackfleisch	30 g Mehl
30 g Butter	150 g Sahne
100 g Erdnüsse (geröstet)	1 Ei
2 EL Magerquark	2 TL Currypulver
450 ml Gemüsebrühe	1 TL Tomatenmark
Salz, Pfeffer, Chilipulver, Öl	1 Mango
4 EL Aprikosenmarmelade	

Zubereitung:

- Zwiebeln, Knoblauch und Erdnüsse klein hacken.
- Hackfleisch, Quark, ¾ Erdnüsse, Ei und die Hälfte der Zwiebeln gut verkneten.
- Mit Salz, Pfeffer, Chilipulver scharf abschmecken.
- Kleine Klößchen formen und in heißem Öl braten.
- Restliche Zwiebeln in der Butter glasig dünsten.
- Currypulver und Mehl zugeben und unter Rühren anschwitzen lassen.
- Tomatenmark unterrühren.
- Mit der Sahne und der Gemüsebrühe ablöschen.
- Abgelöschte Soße aufkochen lassen.
- Salzen und Pfeffern.
- Gebratene Klößchen zur Soße geben.
- Mit den restlichen Erdnüssen überstreuen.
- Mango-Fruchtfleisch und Marmelade pürieren.
- Etwa 5 Minuten einkochen lassen.
- Klößchen mit dem Mango - Dip und Reis servieren.

Frikadellen mit Spinat und Käse

Zutaten:

3 Knoblauchzehen
1 Zwiebel
250 g Blattspinat, tiefgekühlt
500 g Hackfleisch
100 g Cheddarkäse (evtl. Schafskäse) am Stück
1 Ei
100 g Semmelbrösel
1 TL Oregano
Salz, Pfeffer, Muskat, Öl

Zubereitung:

- Spinat nach Anweisung auftauen und kochen.
- Mit Salz, Pfeffer und Muskat würzen.
- Zwiebel und Knoblauch fein hacken.
- Hackfleisch, Ei, Spinat, Oregano, Zwiebel, Knoblauch und Semmelbrösel vermischen.
- Alles gut verkneten.
- Mit Salz und Pfeffer würzen.
- Frikadellen formen.
- Dabei jeweils ein kleines Stück Käse einarbeiten.
- Im Öl von beiden Seiten knusprig braten.

Fruchtige Hackpfanne

Zutaten:

500 g Hackfleisch	1 kleine Ananas
1 Bund Frühlingszwiebeln	1 Zwiebel
4 Knoblauchzehen	125 g Champignons
3 Paprikaschoten (gemischt)	150 g Cherry–Tomaten
1 kleine Dose Pizzatomaten	100 g Paprikasalami
125 g Naturjoghurt	125 ml Gemüsebrühe
Salz, Pfeffer, Chilipulver, Öl	6 EL Curry-Ketchup

Zubereitung:

- Paprika, Tomaten, Pilze, Salami und Frühlingszwiebeln klein schneiden.
- Zwiebel und Knoblauch fein hacken.
- Beides in Öl glasig dünsten.
- Pilze und Salami zugeben und anbraten.
- Hackfleisch ebenfalls zugeben und krümelig braten.
- Frühlingszwiebeln, Paprika und Tomaten kurz mitdünsten.
- Brühe, Joghurt, Pizzatomaten und Ketchup untermengen.
- Mit den Gewürzen abschmecken.
- Alles 20 Minuten köcheln lassen.
- Ananas schälen und in kleine Würfel schneiden.
- Würfel etwa 10 Minuten mit köcheln lassen.
- Vor dem Servieren noch einmal abschmecken.
- Schmeckt sehr gut zu Reis, aber auch zu Nudeln.

Gemüse - Paella

Zutaten:

300 g Reis
250 g Champignons
1 Bund Frühlingszwiebeln
200 g Zuckerschoten
2 rote Paprika
2 Möhren
1 Zwiebel
3 Knoblauchzehen
0,2 g Safranpulver
700 ml Hühnerbrühe
5 EL Weißwein
1 Bund Petersilie
Salz, Pfeffer, Olivenöl

Zubereitung:

- Champignons, Paprika, Möhren, Zuckerschoten und Frühlingszwiebeln in kleine Stücke schneiden.
- Safran mit der Brühe verrühren.
- In der Brühe den Reis etwa 20 Minuten garen.
- Knoblauch und Zwiebel fein hacken.
- Beides in einer Pfanne mit Öl glasig dünsten.
- Gemüse zugeben.
- Alles zusammen 5 – 10 Minuten dünsten.
- Petersilie fein hacken.
- Wein und Petersilie unter das Gemüse rühren.
- Mit Salz und Pfeffer abschmecken.
- Gegarten Reis untermischen.
- Zusammen noch etwa 5 Minuten garen.

Kaiserschmarrn

Zutaten:

250 g Mehl
400 ml Milch
50 g Rumrosinen
4 Eier
1 Glas Sauerkirschen
4 TL Butter
2 EL Zitronensaft
3 EL Zucker
1 EL Speisestärke
1 Prise Zimt
2 EL Kokosraspel
Puderzucker

Zubereitung:

- Die Kirschen gut abtropfen lassen.
- Kirschsaft mit 1 EL Zucker, Zimt und Zitrone aufkochen lassen.
- Mit der Stärke binden und die Kirschen unterrühren.
- Die Eier trennen.
- Das Eiweiß steif schlagen.
- Einen Teig aus Mehl, Eigelb, 2 EL Zucker und Milch anrühren.
- Den Eischnee und die Rosinen unterheben.
- Jeweils ¼ der Teigmenge in eine Pfanne geben.
- Auf beiden Seiten goldbraun backen.
- Den gebackenen Schmarrn mit 2 Gabeln zerpflücken.
- Kokosraspeln und Puderzucker über den Schmarrn streuen.
- Zusammen mit den Kirschen servieren.

Kräuter - Kartoffelpuffer

Zutaten:

2 kg Kartoffeln
4 Zwiebeln
4 Knoblauchzehen
4 Eier
1 Bund Schnittlauch
2 Bund Petersilie
2 EL Semmelbrösel
Öl, Salz, Pfeffer

Zubereitung:

- Kräuter klein hacken.
- Die Kartoffeln schälen.
- Zwiebeln, Knoblauch und Kartoffeln fein reiben.
- Mit den Kräutern vermischen.
- Eier und Semmelbrösel unterrühren.
- Mit Salz und Pfeffer abschmecken.
- Den Teig mit einem Löffel portionsweise in eine Pfanne geben.
- In heißem Öl beidseitig backen.

Lachs im Kohlmantel

Zutaten:

500 g Lachsfilet (TK)
800 g Wirsing
250 g Champignons
1 Zwiebel
3 Knoblauchzehen
2 Tomaten
200 g Sahne
2 EL Zitronensaft
Salz, Pfeffer, Olivenöl

Zubereitung:

- Den Lachs auftauen.
- 4 große Wirsingblätter etwa 5 Minuten blanchieren.
- Aufgetauten Lachs salzen und mit Zitronensaft beträufeln.
- Wirsingblätter um den Lachs wickeln.
- Zwiebel und Knoblauch klein hacken.
- Pilze klein schneiden.
- Alles zusammen im Olivenöl anbraten.
- Mit etwas Wasser und der Sahne ablöschen.
- Tomaten klein schneiden und untermischen.
- Salzen und pfeffern.
- Restlichen Wirsing klein schneiden.
- In heißem Olivenöl etwa 5 Minuten anbraten.
- Pilzmischung unterrühren und 5 Minuten köcheln lassen.
- Lachs Im Kohlmantel in Olivenöl unter Wenden etwa 5 Minuten braten.
- Alles zusammen mit Salzkartoffeln anrichten.

Möhren - Linsen - Rösti

Zutaten:

1 Tasse rote Linsen
2 Lorbeerblätter
500 ml Hühnerbrühe
6 mittelgroße Möhren
1 EL Schnittlauch
2 EL Mandeln
1 Ei
2 Scheiben Vollkornbrot

Zubereitung:

- Schnittlauch und Mandeln fein hacken.
- Vollkornbrot zerkrümeln.
- Linsen und Lorbeerblätter in die Hühnerbrühe geben.
- Brühe aufkochen lassen.
- Zugedeckt etwa 20 Minuten mit kleiner Hitze kochen.
- Lorbeerblätter entfernen.
- Möhren fein raspeln.
- Raspeln mit Schnittlauch, Mandeln, Ei, und Brot vermischen.
- Die Linsen zur untermengen.
- Aus der Möhrenmasse Röstischeiben formen.
- Die Rösti von jeder Seite 3 – 4 Minuten braten.
- Mit Tomatensauce servieren.

Nudel – Pfanne

Zutaten:

400 g kurze dicke Röhrennudeln
2 Zucchini
200 g Cherry – Tomaten
4 kleine Mettwürstchen
2 Zwiebeln
200 g Schmelzkäse
150 ml Brühe
1 Bund Petersilie
Salz, Pfeffer, Oregano, Olivenöl

Zubereitung:

- Nudeln al dente kochen.
- Zwiebeln und Petersilie fein hacken.
- Zucchini, Tomaten und Wurst in kleine Stücke schneiden.
- In Öl die Zwiebeln und Nudeln anbraten.
- Zwiebelnudeln zur Seite stellen.
- In einer Pfanne Wurst und Zucchini etwa 5 Minuten in Öl anbraten.
- Schmelzkäse in heißer Brühe in einem Topf schmelzen lassen.
- Zucchini, Wurst, Nudeln und Zwiebeln in der Pfanne vermischen.
- Tomaten und Käsebrühe untermengen.
- Mit den Gewürzen abschmecken.
- Vor dem Servieren mit Petersilie überstreuen.

Puffersplätzchen

Zutaten:

500 g Mehl
1 Päckchen Backpulver
2 Eier
¾ Tasse Wasser
2 EL Zucker
1 TL Salz
Olivenöl

Zubereitung:

- Alle Zutaten gründlich verrühren.
- In einer Bratpfanne reichlich Öl erhitzen.
- Je einen Esslöffel Teig pro Plätzchen ins Öl geben.
- Von beiden Seiten braten.
- **!!Achtung, brennt leicht an!!**
- Ergibt ca. 15 Stück

Ravioli - Omelett

Zutaten für 2 Personen:

250 g frische Ravioli (Füllung je nach Geschmack)
1 Bund Frühlingszwiebeln
1 grüne Paprika
80 g gekochter Schinken
200 g Creme fraîche
5 Eier
80 g geriebener Käse
Petersilie, Olivenöl
Salz, Pfeffer, Paprikapulver

Zubereitung:

- Paprika und Schinken in kleine Stücke schneiden.
- Frühlingszwiebeln in feine Röllchen hacken.
- Ravioli in eine beschichtete, geölte Pfanne legen.
- Zwiebeln, Paprika und Schinken darauf verteilen.
- Creme fraîche und Eier gut verrühren.
- Mit den Gewürzen abschmecken.
- Eier – Creme fraîche über die Ravioli gießen.
- Den Käse gleichmäßig überstreuen.
- Deckel auf die Pfanne geben.
- Bei mittlerer Hitze das Omelett stocken lassen.
- Petersilie fein hacken.
- Das Omelett vor dem Servieren mit der Petersilie garnieren.

Reis - Bratlinge

Zutaten:

180 g asiatischer Duftreis
380 g Möhren
30 g Paniermehl
1 Ei
50 g geriebener Käse
1 Zwiebel
3 Knoblauchzehen
Salz, Pfeffer, Olivenöl

Zubereitung:

- Reis in kochendem Salzwasser garen.
- Möhren klein raspeln.
- Zwiebel und Knoblauch fein hacken.
- Beides in Öl glasig dünsten.
- Möhren zugeben und kurz mitdünsten.
- Zwiebel-Möhren unter den gegarten Reis mengen.
- Abkühlen lassen.
- Käse, Paniermehl und Ei gut unterkneten.
- Mit Salz und Pfeffer abschmecken.
- Mit angefeuchteten Händen Bratlinge formen.
- In einer beschichteten Pfanne in Öl beidseitig braten.
- Zaziki und/oder Sauercreme zum Dippen reichen.

Reispfanne

Zutaten:

200 g Reis
4 Stangen Porree
1 Zwiebel
400 g Mango
750 ml Fleischbrühe
4 Knoblauchzehen
300 g Ananas
400 g Hackfleisch
2 EL Koriander
Chilipulver
2 EL Limettensaft
Salz, Pfeffer, Öl

Zubereitung:

- Zwiebel und Knoblauch fein hacken.
- Beides in reichlich Öl glasig dünsten.
- Reis zugeben und ca. 3 Minute mitdünsten.
- Chilipulver und die Brühe dazugeben.
- Alles ca. 20 Minuten köcheln lassen.
- Mango, Ananas und Porree klein schneiden.
- Koriander klein hacken.
- Das Hackfleisch in einer Pfanne krümelig braten.
- Porree zugeben und 5 Minuten weiter braten.
- Reis, Mango, Ananas, Limettensaft und Koriander dazugeben.
- Alles zusammen noch einmal kurz braten.
- Mit Salz und Pfeffer abschmecken.

Safran - Gemüse - Pfanne

Zutaten:

150 g Zuckerschoten
150 g Brokkoli
300 g Reis
150 g Champignons
2 große Tomaten
2 Knoblauchzehen
1 Zucchini
0,2 g Safranfäden
Salz, Pfeffer, Olivenöl

Zubereitung:

- Safran in etwas Wasser auflösen.
- Den Reis in 500 ml Wasser garen.
- Während des Aufkochens den Safran unterrühren.
- Brokkoli, Zuckerschoten, Zucchini klein schneiden.
- In Salzwasser etwa 5 Minuten blanchieren.
- Pilze und Tomaten klein schneiden.
- Im Öl die Pilze anbraten.
- Zerquetschten Knoblauch zugeben.
- Restliches Gemüse zugeben und erhitzen.
- Den Reis untermischen und alles kurz anbraten.
- Mit Salz und Pfeffer abschmecken.

Fleischklößchen mit Salbei

Zutaten:

500 g Rinderhackfleisch
8 Salbeiblätter
60 g weiche Butter
4 EL Marsalawein
2 EL Parmesankäse
Salz, Pfeffer, Mehl

Zubereitung:

- Salbeiblätter fein hacken.
- Käse, 30 g Butter, Salz und Pfeffer untermischen.
- Das Hackfleisch unterkneten.
- Mit Mehlhänden daraus kleine Klößchen formen.
- Restbutter in einer hohen Pfanne erhitzen.
- Die Klößchen darin rundum ca. 5 - 6 Minuten braten.
- Den Marsalawein zugießen.
- Kurz weiter braten lassen.
- Auf einer Platte mit der Bratensoße anrichten.

Spaghetti - Rösti

Zutaten:

250 g Spaghetti
4 Eier
1 Zwiebel
200 g Champignons
1 Bund Petersilie
4 Knoblauchzehen
1 Bund Schnittlauch
150 g Gorgonzola
Salz, Pfeffer, Öl

Zubereitung für ca. 2 – 3 Stück:

- Champignons klein schneiden.
- Zwiebel und Knoblauch fein hacken.
- Alles in einer Pfanne mit wenig Öl anbraten.
- Spaghetti in Salzwasser al dente kochen.
- Schnittlauch und Petersilie klein hacken.
- Mit den Eiern gut vermischen.
- Salzen und Pfeffern.
- Spaghetti zugeben und gut durchrühren.
- Masse in einer beschichteten Pfanne stocken lassen.
- Gorgonzola klein schneiden.
- Vor dem Servieren über die Rösti geben.

Zartweizen – Pfanne

Zutaten:

250 g Zartweizen
500 g Hackfleisch
1 rote Paprika
1 grüne Paprika
1 Zwiebel
3 Knoblauchzehen
1 Dose Tomatenstücke
100 g getrocknete Tomaten
150 g Schafskäse
250 ml Gemüsebrühe
Gyrosgewürz
Salz, Pfeffer, Olivenöl

Zubereitung:

- Zartweizen nach Packungsanweisung kochen.
- Fertigen Weizen abtropfen lassen.
- Paprika in kleine Stücke schneiden.
- Zwiebel und Knoblauch klein hacken.
- Knoblauch – Zwiebel in Öl glasig dünsten.
- Hackfleisch zugeben und krümelig braten.
- Paprika, Brühe und Tomatenstücke unterrühren.
- Salzen und Pfeffern.
- Alles zusammen etwa 10 – 15 Minuten garen.
- Zartweizen unter das Gemüsefleisch rühren.
- Mit Gyrosgewürz, Salz und Pfeffer abschmecken.
- Getrocknete Tomaten und Käse klein schneiden.
- Kurz vor dem Servieren unterrühren.

Zuckerschoten - Hack - Pfanne

Zutaten:

250 g Zuckerschoten
400 g Hackfleisch
2 Zwiebeln
400 g Möhren
1 EL Tomatenmark
4 Knoblauchzehen
200 ml Fleischbrühe
2 TL Majoran
1 TL Oregano
Salz, Pfeffer, Öl

Zubereitung:

- Zuckerschoten waschen und halbieren.
- Die Möhren in Scheiben schneiden.
- Zwiebeln und Knoblauch fein hacken.
- Beides in einer Pfanne glasig dünsten.
- Danach die Möhren ca. 5 Minuten mitdünsten.
- Die Zuckerschoten und ½ Tasse Wasser zugeben.
- Mit Salz und Pfeffer abschmecken.
- Alles ca. 10 Minuten garen.
- In einer zweiten Pfanne das Hackfleisch krümelig braten.
- Tomatenmark, Brühe und Oregano zugeben.
- Mit Salz und Pfeffer abschmecken.
- Etwa 5 Minuten köcheln lassen.
- Das Fleisch mit dem Gemüse vermengen.
- Die Majoranblättchen darüber streuen.

Salate

mit und ohne Grünzeug

Bohnensalat mit Porree

Zutaten:

3 Stangen Porree
1 große Dose Kidneybohnen
100 g grüne Oliven
250 g Cherry - Tomaten
1 Zwiebel
3 Knoblauchzehen
20 g gehackte Walnüsse
1 EL Prise Zucker
3 EL Olivenöl
3 EL Essig
3 EL Apfelsaft
Salz, Pfeffer

Zubereitung:

- Porree in kleine Ringe schneiden.
- Knoblauch und Zwiebel fein hacken.
- Alles in wenig Öl ca. 5 Minuten andünsten.
- Oliven und Tomaten klein schneiden.
- Bohnen kalt abspülen.
- Porree, Knoblauch, Zwiebel, Tomaten, Bohnen, Walnüsse und Oliven vermischen.
- Den Salat mit Zucker, Öl, Essig, Apfelsaft, Salz und Pfeffer abschmecken.

Bulgur – Salat

Zutaten:

325 g Bulgur
2 Zucchini
3 Paprika
200 g Champignons
250 g Cherry – Tomaten
2 Zwiebeln
4 Knoblauchzehen
1 Bund Frühlingszwiebeln
1 Dose Mais
Salz, Pfeffer, Kurkuma, Koriander, Öl

Zubereitung:

- Bulgur mit 750 ml kochendem Wasser übergießen.
- Abgedeckt 45 Minuten weichen lassen.
- Zwiebeln und Knoblauch fein hacken.
- Beides in Öl glasig dünsten.
- Zucchini und Pilze in kleine Stücke schneiden.
- Stücke zu den Zwiebeln geben und 5 Minuten mitdünsten.
- Paprika, Tomaten und Frühlingszwiebeln klein schneiden.
- Alles zusammen mit dem Mais unter den Bulgur mischen.
- Mit den Gewürzen abschmecken.
- Mindestens 30 Minuten durchziehen lassen.
- Gekühlt servieren.

Gnocchi - Salat

Zutaten:

750 g Gnocchi (Kühltheke)
200 g Mozzarella (kleine Kugeln)
2 Paprika
1 Zucchini
1 Dose Mais
250 g Cherry – Tomaten
100 g Salami
1 Zwiebel
3 Knoblauchzehen
4 EL Olivenöl
2 EL Balsamicoessig
3 EL Tomatenmark
2 EL Gewürzketchup
50 ml Gemüsebrühe
Salz, Pfeffer

Zubereitung:

- Gnocchi halbieren.
- Halbierte Gnocchi nach Packungsanweisung garen.
- Nach dem Garen kalt abspülen.
- Paprika, Zucchini, Tomaten, Salami klein schneiden.
- Mini – Mozzarella halbieren.
- Zwiebel und Knoblauch fein hacken.
- Beides in etwas Öl glasig dünsten.
- Alle bisherigen Zutaten mit dem Mais vermischen.
- Öl, Essig, Tomatenmark, Ketchup, Brühe verrühren.
- Gerührtes unter den Salat mischen.
- Mit Salz und Pfeffer abschmecken.
- Mindestens 2 Stunden kühl ziehen lassen.

Insalata Russa

Zutaten:

500 g fest kochende Kartoffeln
400 g Erbsen & Möhren (TK)
1 rote Paprikaschote
100 g saure Sahne
2 EL Balsamico, weiß
2 EL Zitronensaft
Salz, Pfeffer

5 Eier
1 EL Senf
100 g Mayonnaise
150 g Miracle Whip
2 EL Olivenöl
Zucker

Zubereitung

- Paprika in kleine Stücke schneiden.
- Kartoffeln in der Schale bissfest kochen.
- Eier hart kochen
- Gegarte Kartoffeln und Eier abpellen.
- Erbsen, Möhren und Paprika ebenfalls bissfest garen.
- Alle gekochten Zutaten abkühlen lassen.
- Für die Salatsauce Mayonnaise, Sahne, Senf, Öl und Balsamico verrühren.
- Sauce mit Zitronensaft, Zucker, Salz und Pfeffer abschmecken.
- Nach dem Abkühlen Kartoffeln und Eier in kleine Würfel schneiden.
- Alle Zutaten und die Sauce in einer Schüssel vorsichtig verrühren.
- Noch einmal abschmecken.
- Mindestens zwei Stunden abgedeckt im Kühlschrank durchziehen lassen.
- Evtl. mit geviertelten gekochten Eiern servieren.

Kidney - Bohnen - Salat

Zutaten:

1 Dose Kidney – Bohnen (580 g)
1 Zwiebel
3 Knoblauchzehen
2 Chilischoten
2 Tomaten
1 gelbe Paprikaschote
1 grüne Paprikaschote
2 EL Olivenöl
2 EL Zitronensaft
1 TL Zucker
Salz, Pfeffer, Curry, Majoran

Zubereitung:

- Zwiebel, Knoblauch und Chilischoten fein hacken.
- Tomaten und Paprika in kleine Stücke schneiden.
- Die Bohnen kalt abspülen und abtropfen lassen.
- Zwiebel und Knoblauch im Olivenöl glasig dünsten.
- Tomaten, Paprika und Chili zugeben und 3 Minuten garen.
- Tomatenmischung mit Pfeffer und Curry überstreuen.
- Alles in eine Schüssel geben.
- Abgetropfte Bohnen untermischen.
- Mit Zitronensaft, Salz, Zucker und Majoran abschmecken.
- Den Salat mindestens 30 Minuten ziehen lassen.

Linsen – Gemüse – Salat

Zutaten:

200 g braune Linsen
200 g Cherry – Tomaten
1 kleine Dose Kidneybohnen
4 Knoblauchzehen
150 g Gewürzgurken
150 g Creme fraîche
Salz, Pfeffer, Paprika, Olivenöl

200 g rote Linsen
1 Paprika
1 Zucchini
1 Aubergine
1 Zwiebel
2 l Gemüsebrühe

Zubereitung:

- Linsen getrennt in je einem Liter Gemüsebrühe bissfest garen.
- Gegarte Linsen mit kaltem Wasser erschrecken.
- Paprika, Zucchini, Gurken und Aubergine in kleine Stücke schneiden.
- Tomaten vierteln.
- Zwiebel und Knoblauch klein hacken.
- Beides in Öl glasig dünsten.
- Zucchini und Aubergine etwa fünf Minuten mitdünsten.
- Paprika kurz zugeben.
- Linsen, Gemüse, Tomaten, Gurken und Bohnen vermengen.
- Mit den Gewürzen abschmecken.
- Salat abkühlen lassen.
- Creme fraîche unter den abgekühlten Salat rühren.
- Etwa eine Stunde ziehen lassen.
- Vor dem Servieren noch einmal abschmecken.

Nudelsalat a la Lena

Zutaten:

250 g Nudeln
150 g Champignons
1 Dose Mais
1 Dose Kidneybohnen
1 Glas Spargel
5 Gewürzgurken
5 EL Gurkensaft
3 EL Miracle Whip
Salz, Pfeffer, Paprika

Zubereitung:

- Nudeln al dente kochen.
- Danach abkühlen lassen.
- Spargel, Gurken und Champignons klein schneiden.
- Alle Zutaten zu den Nudeln geben.
- Salat gut vermischen.
- Mit den Gewürzen abschmecken.
- Mindestens eine Stunde ziehen lassen.

Nudelsalat mit Bohnen – Hack

Zutaten für 6 – 8 Personen:

500 g kleine Nudeln (z.B. Mini-Farfalle)

600 g Hackfleisch	300 g Dicke Bohnen (TK)
250 g Cherry – Tomaten	100 g Cornichons
1 kleine Dose Kidneybohnen	1 kleine Dose Mais
3 Knoblauchzehen	2 Zwiebeln
2 EL Tomatenmark	2 EL Ketchup
1 EL Meerrettich	2 EL Senf
300 g Miracle Whip	50 g geriebener Käse
100 ml Milch	Worcestersauce
Frische Kräuter nach Wahl	Salz, Pfeffer, Öl

Zubereitung:

- Bohnen auftauen lassen.
- Nudeln in Salzwasser al dente kochen.
- Zwiebeln und Knoblauch fein hacken.
- Beides in Öl glasig dünsten.
- Hackfleisch zugeben und krümelig braten.
- Mit Salz, Pfeffer und Worcestersauce abschmecken.
- Nudeln mit kaltem Wasser erschrecken.
- Hackfleisch und Nudeln in einer Schüssel abkühlen.
- Dicke Bohnen aus der Haut drücken.
- Tomaten und Cornichons klein schneiden.
- Alles unter die abgekühlten Nudeln mischen.
- Käse, Kidneybohnen und Mais untermengen.
- Miracle Whip mit der Milch verrühren.
- Ketchup, Tomatenmark, Senf, Meerrettich und fein gehackte Kräuter unterrühren.
- Sauce unter den Salat mischen.
- Abschmecken und 3 Stunden ruhen lassen.

Nudelsalat mit Mozzarella

Zutaten (für 6 Personen):

500 g kleine Nudeln (z.B. Mini – Farfalle)
500 g Mozzarella (Abtropfgewicht)
500 g Cherry – Tomaten
1 Zwiebel
4 Knoblauchzehen
1 Bund Basilikum
4 EL Balsamico – Essig
4 EL Olivenöl
Salz, Pfeffer

Zubereitung:

- Nudeln in Salzwasser al dente kochen.
- Zwiebel und Knoblauch klein hacken.
- Beides in etwas Olivenöl glasig dünsten.
- Tomaten je nach Größe halbieren oder vierteln.
- Mozzarella in kleine Stücke schneiden.
- Basilikum klein hacken.
- Alle Zutaten vermengen.
- Essig und Öl unterrühren.
- Mit Salz und Pfeffer abschmecken.

Reissalat mit Thunfisch

Zutaten:

250 g Duftreis
1 rote Paprika
250 g Schmand
75 g schwarze Oliven
1 Bund Lauchzwiebeln
2 Dosen Thunfisch
1 Bund Schnittlauch
1 Bund Petersilie
3 EL Senf
Salz, Pfeffer, Zucker

Zubereitung:

- Reis in Salzwasser garen.
- Zwiebeln und Paprika in kleine Stücke schneiden.
- Thunfisch abtropfen lassen und auseinanderzupfen.
- Schmand, Senf, Salz, Pfeffer und Zucker verrühren.
- Den Reis mit kaltem Wasser erschrecken.
- Reis, Thunfisch, Paprika, Oliven und Zwiebeln vermischen.
- Schmand – Senfmischung unterrühren.
- Schnittlauch und Petersilie klein hacken.
- Kräuter unter den Salat rühren.
- Den Salat etwa 4 Stunden ziehen lassen.

Scharfer Nudelsalat

Zutaten:

250 g Spiralnudeln
4 Knoblauchzehen
300 g grüne Bohnen (evtl. 1 Dose)
5 eingelegte scharfe Peperoni
1 EL Tomatenketchup
Salz, Pfeffer, Öl, Zitronensaft

300 g Hackfleisch
1 Zwiebel
1 rote Paprika
1 Prise Zucker
4 EL Rotweinessig

Zubereitung:

- Nudeln in Salzwasser al dente kochen.
- Mit kaltem Wasser die Nudeln erschrecken.
- Gut abtropfen lassen und 1 EL Olivenöl unterrühren.
- Zwiebel und Knoblauch klein hacken.
- Beides in 2 EL Öl glasig dünsten.
- Hackfleisch zugeben und krümelig braten.
- Ketchup zugeben.
- Mit Salz und Pfeffer abschmecken, abkühlen lassen.
- Bohnen in 3 cm Stücke schneiden.
- In Salzwasser 10 Minuten garen.
- Ebenfalls mit kaltem Wasser erschrecken.
- Paprika in schmale, 3 cm lange Streifen schneiden.
- Peperoni in schmale Ringe zerteilen.
- Salz, Pfeffer, 4 EL Olivenöl, Essig, Zitronensaft und Zucker verrühren.
- Peperoni zu dieser Marinade geben.
- Nudeln, Paprika, Bohnen und Fleisch vermischen.
- Marinade zugeben und untermischen.
- Etwa 15 Minuten ziehen lassen.
- Zum Schluss noch einmal abschmecken.

Schichtsalat

Zutaten: (für eine große Schüssel)

2 Gläser Sellerie – Salat (Streifen)
2 Dosen Mais
300 g gekochter Schinken
3 säuerliche Äpfel
2 kleine Dosen Ananas (gewürfelt)
8 hartgekochte Eier
3 Stangen Porree
300 g geriebener Emmentaler
750 g Miracle Whip
750 ml Milch

Zubereitung:

- Schinken und Äpfel würfeln.
- Eier und Porree in Scheiben schneiden.
- Alle Zutaten, bis auf den Käse, in der o.a. Reihenfolge in eine Schüssel schichten.
- Milch und Miracle Whip sämig verrühren.
- Soße über den Salat gießen.
- Als letzte Schicht den Käse überstreuen.
- Im Kühlschrank 24 Stunden ziehen lassen.

Spaghetti - Salat

Zutaten für 4 - 6 Personen:

300 g dicke Spaghetti (oder dünne Makkaroni)
3 Paprikaschoten (bunter Mix)
1 Dose Mais
250 g Cherry – Tomaten
200 g Champignons
2 Dosen Thunfisch (je 1 x Natur und in Öl)
1 große Zwiebel
4 Knoblauchzehen
100 g Miracle Whip
100 g Naturjoghurt
4 EL Tomatenketchup
Salz, Pfeffer, Paprika
Olivenöl

Zubereitung:

- Spaghetti in etwa 5 cm lange Stücke brechen.
- Nudeln in Salzwasser mit etwas Öl al dente kochen.
- Gegarte Nudeln mit kaltem Wasser erschrecken.
- Tomaten, Pilze und Paprika klein schneiden.
- Zwiebel und Knoblauch fein hacken.
- Beides in Öl glasig dünsten.
- Pilze zugeben und 5 Minuten mitdünsten.
- Paprika, Tomaten, Mais und Gedünstetes unter die Nudeln mischen.
- Thunfisch zerbröseln und mit dem Saft unterrühren.
- Miracle Whip, Ketchup und Joghurt verrühren.
- Mit den Gewürzen abschmecken.
- Soße unter die Nudelmischung rühren.
- Mindestens eine Stunde gekühlt durchziehen lassen.

Spätzle - Salat

Zutaten für 4 – 6 Personen:

500 g Eierspätzle
250 g Cherry – Tomaten
1 Bund Frühlingszwiebeln
1 l Gemüsebrühe
200 g Naturjoghurt
1 EL Preiselbeerengelee
Olivenöl

250 g braune Linsen
300 g Zucchini
200 g Möhren
1 Dose Mais
1 TL Senf
Salz, Pfeffer, Paprika

Zubereitung:

- Linsen in der Gemüsebrühe bissfest garen.
- Gegarte Linsen mit kaltem Wasser erschrecken.
- Erschrockene Linsen abtropfen lassen.
- Spätzle in Salzwasser mit etwas Öl al dente kochen.
- Nudeln abschütten und in eine geölte Pfanne geben.
- Etwa 3 – 4 Minuten im Öl andünsten.
- Linsen und Spätzle abkühlen lassen.
- Zwiebeln, Tomaten und Zucchini in kleine Stücke schneiden.
- Möhren raspeln.
- Zucchini, Zwiebeln und Möhren in Öl in einer Pfanne etwa 5 Minuten dünsten.
- Ebenfalls etwas abkühlen lassen.
- Joghurt, Senf, 4 EL Öl und Gelee verrühren.
- Mit den Gewürzen abschmecken.
- Gemüse, Spätzle, Linsen, Tomaten und Mais miteinander vermengen.
- Zum Schluss die Joghurtsoße unterrühren.
- Salat gekühlt servieren.

Tortellini - Salat

Zutaten:

400 g kleine Tortellini
300 g Mozzarella (in kleinen Kugeln)
1 gelbe Paprika
1 grüne Paprika
250 g Cherrytomaten
2 Zucchini
1 Glas schwarze Oliven (150 g Abtropfgewicht)
2 Zwiebeln
3 Knoblauchzehen
100 ml Olivenöl
3 EL Balsamico (weiß)
3 EL Sahne
Salz, Pfeffer, Oregano

Zubereitung:

- Tortellini in Salzwasser al dente garen.
- Mit kaltem Wasser erschrecken und abkühlen lassen.
- Zwiebeln und Knoblauch fein hacken.
- Beides in wenig Öl glasig dünsten.
- Ebenfalls abkühlen lassen.
- Paprika und Zucchini in kleine Stücke schneiden.
- Oliven halbieren.
- Tomaten je nach Größe halbieren oder vierteln.
- Mozzarella, Gemüse, Zwiebeln und Tortellini vermischen.
- Balsamico, Sahne und Öl verrühren.
- Mit den Gewürzen abschmecken.
- Sauce unter den Salat mengen.
- Mindestens eine Stunde durchziehen lassen.

Exotisches

aus Thailand

Gäng Sapparod

Ananas - Curry

Zutaten:

300 g Hühnchenfleisch
50 g Chilipaste (Currypaste)
1½ Dosen Kokosnussmilch
1 Ananas
1 EL Palmzucker (gehäuft)
1 EL Nam Pla (Fischsauce)
1 Prise Salz

Zubereitung:

- Hühnerfleisch und Ananas klein würfeln.
- Halbe Dose Kokosnussmilch zum Kochen bringen.
- Die Chilipaste unterrühren.
- Fleisch kurz in der Milch anbraten.
- Zucker und Ananas unterrühren.
- Mit der Fischsauce und Salz würzen.
- Die restliche Milch zuschütten.
- Curry mindestens 15 Minuten köcheln lassen.
- Mit Duftreis servieren.

Gäng Kiau Wan

Bambussprossen - Curry

Zutaten:

300 g Hühnchenfleisch
50 g Chilipaste (Currypaste)
1½ Dosen Kokosnussmilch
1 Dose Bambussprossen (ca. 540 g), gestiftelt
3 EL Palmzucker
4 EL Nam Pla (Fischsauce)
1 kleine rote Paprika
20 Blätter asiatisches Basilikum

Zubereitung:

- Hühnerfleisch und Paprika klein würfeln.
- Halbe Dose Kokosnussmilch zum Kochen bringen.
- Die Chilipaste unterrühren.
- Das Fleisch kurz in der Milch anbraten.
- Zucker, Bambussprossen, Fischsauce und Basilikum unterrühren.
- Die restliche Milch zuschütten.
- Curry mindestens 15 Minuten köcheln lassen.
- Danach die Paprika dazugeben.
- Mit Duftreis servieren.

Look Chiin Nena Waan Phriaw

Fleischbällchen süß - sauer

Zutaten:

½ TL Pfeffer
500 g Hackfleisch
3 EL Zucker
2 EL Essig
1 grüne Paprikaschote
3 EL Fischsauce
1 kleine Dose Ananas (stückig) bzw. frische Ananas

3 Knoblauchzehen
1 TL Salz
1 rote Paprikaschote
1 TL Speisestärke
10 EL Öl

Zubereitung:

- Knoblauchzehen zerdrücken.
- Hackfleisch hinzugeben und durchkneten.
- Mit Pfeffer und Salz würzen.
- Fleisch zu festen kleinen Bällchen formen.
- Ananas abtropfen lassen bzw. klein schneiden.
- Paprikaschoten würfeln (ca. 1 cm).
- Fischsauce, Essig, 5 EL Wasser, Zucker und Speisestärke verrühren.
- Öl in einem Wok erhitzen.
- Fleischbällchen im Öl braun braten.
- Ananas und Paprika hinzugeben.
- Alles etwa 1 – 2 Minute durchbraten.
- Sauce dazugießen und kurz aufkochen lassen.
- Wenn die Bällchen mit der Sauce überzogen sind, mit Duftreis servieren.

Pbo Pbia
Frühlingsrollen a la Thai

Zutaten:

24 Frühlingsrollenhüllen
5 chinesische Trockenpilze
4 Knoblauchzehen
200 g Hackfleisch
1 geraspelte Möhre
3 gehackte Frühlingszwiebeln
Nam Pla (Fischsauce)

50 g Glasnudeln
2 EL Pflanzenöl
3 gehackte Chili
1 TL Palmzucker
50 g Bambussprossen
1 EL frischer Koriander
Pfeffer

Zubereitung:

- Pilze 30 Minuten in Wasser einweichen
- Nach dem Weichen klein hacken.
- Nudeln 10 Minuten in kochendem Wasser einweichen.
- Anschließend klein schneiden (5 cm).
- Öl im Wok erhitzen.
- Gehackten Knoblauch und das Fleisch kurz anbraten.
- Pilze, Nudeln, Chili, Zucker zugeben.
- Mit Nam Pla und Pfeffer würzen.
- Alles in eine Schüssel geben.
- Die restlichen Zutaten untermischen.
- Frühlingsrollenhüllen unter einem feuchten Geschirr-tuch bereitlegen.
- Etwas Füllung auf eine Hülle geben und von einer Spitze an aufrollen.
- Dabei die Enden einschlagen.
- Im Wok, (Pfanne, Friteuse) mit Öl knusprig braun braten.
- Mit Chilisauce servieren.

Khao Phad Op Sapparod

Gebratener Reis in Ananas

Zutaten:

4 Ananas (eine pro Person)	100 g Cashewnüsse
20 Zuckererbsenschoten	100 g Rosinen
10 Frühlingszwiebeln	500 g Reis
1 Tasse Hühnerbrühe	100 g Tofu
6 Knoblauchzehen	6 Eier
Nam Pla (Fischsauce)	3 Tomaten
1 Dose Mais	2 EL Koriander
Austernsauce	Öl
Curry, Pfeffer	

Zubereitung:

- Den Reis kochen und kalt werden lassen.
- Von den Ananas längs eine Scheibe abschneiden.
- Das Fruchtfleisch vorsichtig herauslösen.
- Ananasfleisch in kleine Stücke schneiden
- Erbsenschoten, Zwiebeln, Knoblauch, Tomaten, Korianderblätter und Tofu klein schneiden.
- Cashewnüsse in heißem Öl im Wok anrösten.
- Zwiebeln, Knoblauch, Rosinen, Tofu, Eier, Tomaten und Mais nach und nach zugeben.
- Alles kurz anbraten.
- Mit der Hühnerbrühe ablöschen.
- Den Reis, Koriander und Ananasstücke hinzufügen
- Mit den Saucen/Gewürzen abschmecken.
- Kurz weiter braten.
- Gebratene Mischung in die Ananashüllen füllen und den Deckel auflegen.
- Im Backofen 30 Minuten bei 150° C backen.

Khao Phad Moo

Gebratener Reis mit Schweinefleisch

Zutaten:

300 g Schweinefleisch
1 Zwiebel
2 Frühlingszwiebeln
1 Tomate
3 EL Nam Pla (Fischsauce)
200 g Reis
3 EL Sojasauce
2 EL Öl
2 TL Palmzucker
Chilipulver

Zubereitung:

- Den Reis kochen und abkühlen lassen.
- Das Schweinefleisch in Streifen schneiden.
- Zwiebel, Frühlingszwiebeln und Tomaten würfeln.
- Im Wok das Schweinefleisch im Öl anbraten.
- Zwiebel und Frühlingszwiebeln zugeben.
- Kurz mitbraten lassen.
- Tomaten und Reis untermischen.
- Gut umrühren und anbraten, bis alles sehr heiß ist.
- Mit Fischsauce, Chilipulver, Sojasauce und Zucker abschmecken.

Kai Yad Sai

Gefülltes Omelett

Zutaten:

50 g Hackfleisch
1 TL Nam Pla (Fischsauce)
3 EL Tomaten
¼ TL Pfeffer
2 EL grüne Paprika
¼ TL Sojasauce
3 EL Erbsen
½ EL Zucker
2 EL Zwiebeln
50 ml Öl
3 EL Koriander
3 Eier, verquirlt
Chilipulver

Zubereitung:

- Tomaten, Paprika, Zwiebeln kleinschneiden
- In einem Wok 25 ml Öl erhitzen.
- Das Fleisch darin etwa 2 – 3 Minuten anbraten.
- Alle übrigen Zutaten mit Ausnahme der Eier hinzufügen.
- Ca. 5 – 8 Minuten braten, bis die Mischung dick ist.
- Mischung beiseite stellen.
- Das restliche Öl in den Wok geben.
- Eier hinzugeben und dünn von beiden Seiten ausbraten.
- Die Füllung in die Mitte vom Omelett geben.
- Das Omelett von außen nach innen zuklappen.

Yam Woon Sen

Glasnudelsalat

Zutaten:

100 g Glasnudeln
300 g Hackfleisch
15 Frühlingszwiebeln
10 Cocktailtomaten
2 EL asiatischer Koriander
Saft einer ½ Limette
½ EL Palmzucker
Chili
Nam Pla (Fischsauce)

Zubereitung:

- Koriander klein hacken.
- Glasnudeln in kaltem Wasser weichen lassen.
- Eingeweichte Nudeln kurz in kochendem Wasser blanchieren.
- Nudeln evtl. etwas kürzen.
- Hackfleisch mit wenig Wasser garen.
- Zwiebeln und Tomaten klein schneiden.
- Alle Zutaten mit dem Koriander gut vermischen.
- Abschmecken mit Limettensaft, Chili, Zucker und Nam Pla.

Raab Muh

Hackfleisch mit gestoßenem Reis

Zutaten:

300 g Hackfleisch
10 - 15 Frühlingszwiebeln
3 TL gestampfter Reis
2 TL asiatischer Koriander
Chilipulver
Saft von einer Limette
Nam Pla (Fischsauce)

Zubereitung:

- Die Zwiebel klein hacken.
- Mit wenig Fett glasig dünsten.
- Hackfleisch zugeben und krümelig braten.
- Limettensaft, Koriander, Chili und den gestampften Reis zufügen.
- Alles gut vermischen.
- Kurz braten.
- Abschmecken mit Nam Pla.
- Mit Duftreis servieren.

Kai Priaw Waan

Hühnchen süß - sauer

Zutaten:

500 g Hühnerbrustfilet
6 EL Öl
1 grüne Paprikaschote
2 EL Mehl
6 EL Tomatenketchup
1 Zwiebel
1 TL Weißweinessig
1 TL Zucker
1 TL süße Sojasauce
100 ml Hühnerbrühe
1 Dose gewürfelte Ananas bzw. frische Ananas

Zubereitung:

- Hühnerfleisch in Streifen schneiden.
- Streifen im Mehl wenden.
- Zwiebel und Paprika würfeln.
- Ananas abtropfen lassen bzw. klein würfeln.
- Öl im Wok oder Pfanne erhitzen.
- Hühnerfleisch darin ca. fünf Minuten anbraten.
- Hühnerfleisch aus dem Wok nehmen.
- Zwiebeln und Paprika in den Wok geben.
- Etwa zwei Minuten andünsten.
- Ketchup, Ananas, Hühnerbrühe, Sojasauce, Zucker und Essig zugeben.
- Alles unter Rühren etwas braten.
- Das Fleisch zufügen und noch ca. zwei Minuten garen.

Bamie Kiau

Mienudeln mit Huhn

Zutaten:

250 g Mienudeln
250 g Reisnudeln
500 g Erbsen (TK)
1 Zwiebel
3 Knoblauchzehen
1 kleine Dose Mungobohnenkeimlinge
5 Eier
350 g Hühnerfleisch
½ TL Koriander
Olivenöl, Sojasoße (pikant), Fischsoße
Salz, Pfeffer, Chili

Zubereitung:

- Fleisch in kleine Würfel schneiden.
- Zwiebel und Knoblauch klein hacken.
- Keimlinge, Fleisch, Knoblauch und Zwiebel in Öl anbraten.
- Erbsen in Salzwasser 4 – 5 Minuten kochen.
- Aus den Eiern mit Salz, Koriander und Chili Rührei braten.
- Rührei in kleine Stücke zupfen.
- Mienudeln in kochendes Salzwasser geben.
- Nach 7 Minuten die Reisnudeln zugeben.
- Beides noch eine Minute kochen lassen.
- Alle Zutaten zusammenmischen.
- Mit den Gewürzen und Soßen pikant abschmecken.

Nasi – Goreng

Zutaten:

300 g Duftreis
300 g Putenbrust
500 g Cherry – Tomaten
1 rote Paprika
1 gelbe Paprika
1 grüne Paprika
3 Knoblauchzehen
1 Bund Lauchzwiebeln
2 Chilischoten
100 ml Gemüsebrühe
2 EL Olivenöl
Pfeffer, Salz, Paprika

Zubereitung:

- Reis in Salzwasser ca. 20 Minuten garen.
- Fleisch, Paprika und Tomaten klein würfeln.
- Zwiebeln und Chilischoten in feine Ringe schneiden.
- Knoblauch fein hacken.
- Öl in eine große Pfanne gießen.
- Fleisch mit dem Knoblauch darin anbraten.
- Paprika, Chili, Zwiebeln und Tomaten zum Fleisch geben.
- Alles kurz mitdünsten lassen.
- Brühe zugießen und etwas einkochen.
- Abgetropften Reis unterrühren.
- Mit den Gewürzen abschmecken.

Som Tam Thai

Papaya - Salat

Zutaten:

300 g grüne Papaya
50 g kleine grüne asiatische Bohnen
50 g ungesalzene geröstete Erdnüsse
50 ml Limettensaft
7 frische Chili
6 Knoblauchzehen
6 Kirschtomaten
1 EL Palmzucker
1 EL Nam Pla (Fischsauce)

Zubereitung:

- Papaya fein raspeln.
- Knoblauch und Chili klein schneiden.
- Etwas Papaya, Chili und Knoblauch im Mörser grob zerreiben.
- Bohnen in 2 cm lange Stücke schneiden.
- Die Tomaten vierteln.
- Bohnen, Erdnüsse, Tomaten und die übrige Papaya in einen Mörser geben und zerreiben.
- Mit dem Limettensaft, dem Zucker und der Fischsauce abschmecken.

Phad Kwitiaow

Pfannengerührte Nudeln

Zutaten:

1 Bund Frühlingszwiebeln
100 g Tofu, schnittfest
500 g Sojabohnensprossen
1 kleine rote Paprika
300 g Reisnudeln
2 EL süße Sojasauce
3 Knoblauchzehen

6 EL Öl
2 EL Essig
2 Eier
3 EL Palmzucker
2 EL Fischsauce
Chilipulver

Zubereitung:

- Tofu und Frühlingszwiebeln in kleine Würfel schneiden.
- Sojabohnensprossen waschen.
- Knoblauch klein hacken.
- Nudeln fünf Minuten sprudelnd kochen lassen.
- Danach abgießen und mit kaltem Wasser erschrecken.
- Öl im Wok erhitzen.
- Knoblauch, Frühlingszwiebeln, Paprika und Tofu 1 - 2 Minuten anbraten.
- Eier aufschlagen, verrühren und drei Minuten braten.
- Dann mit den vorherigen Zutaten im Wok vermischen.
- Nudeln, Sojasprossen, Essig, Zucker, Sojasauce, Chilipulver und Fischsauce dazugeben.
- Alles gut verrühren und kurz braten.

Khao Phak Raab

Reis mit Hackfleisch, Erbsen und Möhren

Zutaten:

300 g Duftreis
500 g Hackfleisch
400 g Erbsen und Möhren (TK)
1 Zwiebel
4 Knoblauchzehen
2 EL Sojasauce
1 TL Currypulver
Salz, Pfeffer, Chili, Öl

Zubereitung:

- Reis mit Salzwasser und Currypulver kochen.
- Erbsen und Möhren in wenig Wasser garen.
- Zwiebel und Knoblauch fein hacken.
- Beides in Öl glasig dünsten.
- Hackfleisch zugeben und krümelig braten.
- Mit den Gewürzen und der Sojasauce abschmecken.
- Reis, Gemüse und Fleisch gut vermischen.
- Mischung noch einmal abschmecken.

Gebackenes

frisch aus dem Backofen

Blumenkohl - Quiche

Zutaten Teig:

125 g weiche Butter
250 g Mehl
1 - 2 EL kaltes Wasser
1 Ei
1 TL Salz

Zutaten Belag:

1 Blumenkohl
300 g Möhren
250 g Erbsen (TK)
1 rote Paprika
4 Knoblauchzehen
1 Zwiebel
200 g Schlagsahne
5 Eier
200 ml Gemüsebrühe
100 ml Weißwein
Salz, Pfeffer, Muskat, Öl
150 g geriebener Käse

Zubereitung:

- Teigzutaten zu einem geschmeidigen Teig verkneten.
- In Folie gewickelt 30 Minuten kühl ruhen lassen.
- Möhren in dünne Scheiben schneiden.
- Blumenkohl in kleine Röschen teilen.
- Paprika klein würfeln.
- Zwiebel und Knoblauch fein hacken.
- Beides in Öl glasig dünsten.
- Blumenkohl zugeben und 2 Minuten mitdünsten.
- Mit Brühe und Wein ablöschen.

- Etwa 8 Minuten zugedeckt garen.
- Paprika, Erbsen und Möhren zugeben und 5 Minuten weitergaren.
- Gemüse abtropfen lassen.
- Halbe Käsemenge unter das Gemüse mengen.
- Mürbeteig in eine gefettete Springform drücken.
- Dabei einen 3 cm hohen Rand hochziehen.
- Gemüse auf dem Teig verteilen.
- Sahne mit den Eiern verquirlen.
- Mit Salz, Pfeffer und Muskat abschmecken.
- Eier – Sahne über das Gemüse gießen.
- Mit dem Restkäse überstreuen.
- Bei 200° C etwa 45 Minuten backen.

Bunter Reiskuchen

Zutaten:

250 g Reis
200 g Hühnchen
100 g Walnüsse
1 große Tomate
1 kleine Dose Mais
1 große Zwiebel
1 Paprikaschote
2 EL Basilikum
2 Eier
200 g Joghurt
100 g geriebener Käse
Salz, Pfeffer

Zubereitung:

- Den Reis kochen.
- Zwiebel und Walnüsse fein hacken.
- Tomate, Hühnchen und Paprika klein würfeln.
- Eier, Joghurt und Basilikum verschlagen.
- Alle Zutaten außer dem Käse vermischen.
- Mit Salz und Pfeffer abschmecken.
- Mischung in eine gefettete Springform drücken.
- Mit dem Käse bestreuen.
- Bei 180°C etwa 25 – 30 Minuten backen.
- Danach 5 Minuten ruhen lassen und aufschneiden.

Gemüse – Hack – Braten

Zutaten:

1 gelbe Paprika
1 grüne Paprika
1 Bund Lauchzwiebeln
1000 g Hackfleisch
300 g Tomaten
Kräutermischung
150 ml Gemüsebrühe
Salz, Pfeffer

1 rote Paprika
2 Zwiebeln
2 Brötchen (Semmel)
2 Eier
1 TL Senf
Chilipulver
200 ml Sahne

Zubereitung:

- Brötchen in warmem Wasser einweichen.
- Paprika in klein würfeln.
- Lauchzwiebeln in schmale Ringe schneiden.
- Wasser aus den Brötchen pressen.
- Eier, Chilipulver, Hackfleisch, Brötchen, Salz, Pfeffer, Senf und ½ TL Kräuter gut verkneten.
- Ein Drittel der Fleischmasse in die Mitte einer geölten Auflaufform geben.
- Die Hälfte des geschnittenen Gemüses auf die Fleischlage legen.
- Abwechselnd Fleisch, Gemüse, Fleisch aufschichten.
- Die Fleischränder miteinander verkneten.
- Zwiebeln und Tomaten klein schneiden und um den Braten legen.
- Im Backofen bei 200° C etwa 30 Minuten backen.
- Die Gemüsebrühe und Sahne um den Braten gießen.
- Noch einmal 30 Minuten bei 200° C backen.
- Als „Beilage" dazu schmecken Salzkartoffeln, Reis Bratkartoffeln, etc..

Gorgonzola - Soufflé

Zutaten:

100 g Gorgonzola
60 g gemahlene Nüsse
250 ml Milch
2 EL gehackte Petersilie
Salz, Pfeffer, Muskat

50 g Butter
60 g Mehl
5 Eiweiß
4 Eigelb
Semmelbrösel

Zubereitung:

- Backofen auf 200° C vorheizen.
- Eine Soufflé - Form einfetten und mit Semmelbröseln bestreuen.
- In einem Topf die Butter schmelzen.
- Unter ständigem Rühren Mehl einrühren und gelb anschwitzen lassen.
- Die Milch zugeben und gut verrühren.
- Mit Salz und Pfeffer abschmecken.
- Alles aufkochen lassen bis die Masse cremig wird.
- Dabei ständig umrühren.
- Topf vom Herd nehmen.
- Den Käse zerdrücken und unterrühren.
- Nach und nach das Eigelb einrühren.
- Würzen mit Muskat.
- Petersilie und Nüsse untermengen.
- Eiweiß mit einer Prise Salz sehr steif schlagen.
- Eischnee unter die Käsemasse heben.
- Soufflé in die Form geben und glatt streichen.
- Rundherum mit einem Messer eine Kerbe ziehen.
- Im Backofen 30 Minuten backen.
- Sofort servieren.

Kartoffel - Tortilla mit Paprika

Zutaten:

3 bunte Paprikaschoten	800 g Kartoffeln
200 g Spinat (TK)	2 Zwiebeln
4 Knoblauchzehen	7 Eier
100 g Putenbrust (Scheiben)	150 ml Milch
50 ml Weißwein	8 EL Sojasoße
50 g geriebener Käse	1 TL Paprikapulver
Salz, Pfeffer, Olivenöl	

Zubereitung:

- Spinat auftauen lassen.
- Kartoffeln mit Schale 20 Minuten kochen.
- Paprika klein würfeln.
- Putenbrustscheiben klein schneiden.
- Knoblauch und Zwiebeln fein hacken.
- Gegarte Kartoffeln in kleine Würfel schneiden.
- Zwiebeln und Knoblauch in Öl glasig dünsten.
- Kartoffeln zugeben und 5 Minuten anbraten.
- Paprikawürfel und Pute zugeben.
- Klein gehackten Spinat ebenfalls unterheben.
- Salzen und Pfeffern.
- Alles zusammen kurz braten.
- Milch, Sojasoße, Eier, Wein, Käse und Paprikapulver verrühren.
- Mit Salz und Pfeffer abschmecken.
- Kartoffelmischung und Eiermilch gut vermischen.
- Mischung in eine gefettete Auflaufform geben.
- Bei 200° C etwa 25 Minuten backen.

Lasagne mit Sauerkraut

Zutaten:

12 Spinat – Lasagneplatten
1 Dose Mais
4 Knoblauchzehen
300 g (Kräuter) Creme fraîche
200 g geriebener Käse
Salz, Pfeffer, Paprika, Zucker, Öl
750 g Sauerkraut mit Prosecco und Ananas

2 Paprikaschoten
2 Zwiebeln
3 EL Tomatenmark
150 ml Gemüsebrühe
200 ml Milch

Zubereitung:

- Paprika in kleine Würfel schneiden.
- Zwiebeln und Knoblauch fein hacken.
- Beides in Öl glasig dünsten.
- Gewürfelte Paprika zugeben und kurz mitdünsten.
- Sauerkraut, Mais, Brühe und Tomatenmark unterrühren.
- Alles zusammen etwa 5 Minuten garen.
- Mit den Gewürzen abschmecken.
- Milch und Creme fraîche verrühren.
- Eine Auflaufform einfetten.
- Lasagneplatten und Krautmischung abwechselnd einschichten.
- Auf jede Krautschicht etwas Käse und „Milchsauce" geben.
- Letzte Lage sollte Lasagne sein.
- Milchsauce gleichmäßig über die Lasagne geben.
- Mit Käse überstreuen.
- Bei 180° C etwa 40 Minuten überbacken.

Möhren – Lauch – Quiche

Zutaten:

200 g Mehl
100 g Butter
1 Prise Salz
400 g Möhren
2 Stangen Porree
1 rote Paprika
4 Knoblauchzehen
1 Zwiebel
4 Eier
200 g Sahne
50 g geriebener Käse
Salz, Pfeffer, Paprikapulver

Zubereitung:

- Mehl, Butter, ein Ei und Salz verkneten.
- Teig in Folie gewickelt 30 Minuten kühl ruhen lassen.
- Zwiebel klein hacken und andünsten.
- Möhren, Porree und Paprika klein schneiden.
- Gemüse in Salzwasser ca. 5 Minuten blanchieren.
- Den Teig in eine gefettete Springform (oder Quiche-form) drücken, bzw. ausrollen.
- Dabei einen 3 cm Rand hochziehen.
- Blanchiertes Gemüse gut abtropfen lassen.
- Käse, 3 Eier, zerquetschter Knoblauch und Sahne verquirlen.
- Mit den Gewürzen abschmecken.
- Eiersahne mit dem Gemüse vermischen.
- Mischung auf dem Teig verteilen.
- Bei 200° C etwa 30 Minuten backen.

Olivenbrot

Zutaten:

25 g Hefe
20 g Salz
500 g Mehl
50 g grüne Oliven
50 g schwarze Oliven
450 ml lauwarmes Wasser
50 ml Olivenöl

Zubereitung:

- Hefe mit Salz und 100 ml Wasser verrühren.
- So lange rühren, bis das Salz gelöst ist.
- Oliven fein hacken.
- Mehl, Olivenöl, Restwasser verrühren.
- Hefe mit der Hand gut unterrühren.
- Oliven ebenfalls unterrühren.
- Teig zugedeckt an einem warmen Ort 1 – 2 Stunden gehen lassen.
- Eine Brotbackform mit Backpapier auslegen.
- Form mit Olivenöl bestreichen.
- Hefeteig in die Form geben.
- Etwa 15 Minuten bei 220° C backen.
- Dann auf 180° C zurückschalten und 45 Minuten weiterbacken.
- Brot aus der Form nehmen und umgedreht wieder hinein geben.
- Noch einmal 15 Minuten weiterbacken.
- Das Brot ist gar, wenn es beim Klopfen hohl klingt.

Rotkohl - Tarte

Zutaten:

250 g Mehl
1 EL Kräuter der Provence
150 ml Gemüsebrühe
3 Knoblauchzehen
150 g gekochter Schinken
750 g Rotkohl (Glas)
50 g gehackte Walnüsse

120 g Butter
1 Eigelb
2 Zwiebeln
2 Lorbeerblätter
150 g Schafskäse
2 EL Olivenöl
Salz, Pfeffer

Zubereitung:

- Mehl, Eigelb, Butter, 5 EL Wasser, 1 Prise Salz und die Kräuter zu einem glatten Teig verkneten.
- Teig in Folie gewickelt 30 Minuten kühl stellen.
- Zwiebeln und Knoblauch fein hacken.
- Schinken in kleine Stücke schneiden.
- Zwiebeln, Knoblauch und Schinken im Öl andünsten.
- Die Gemüsebrühe zugießen.
- Rotkohl und Lorbeerblätter untermengen.
- Etwa 20 Minuten garen.
- Lorbeerblätter entfernen und mit Salz und Pfeffer abschmecken.
- Teig in eine gefettete Springform/Tarteform drücken.
- Dabei einen Rand von ca. 3 cm hochziehen.
- Rotkohlmischung auf den Tarteboden geben.
- Schafskäse in kleine Stücke zerbröckeln.
- Walnüsse mit dem Schafskäse vermischen.
- Tarte mit der Nuss – Käse – Mischung überstreuen.
- Bei 175° C etwa 35 Minuten backen.

Pizza Quattro Formaggio
(Pizza Vier Käsesorten)

Zutaten:

400 g Mehl
40 g Hefe
300 g Mozzarella
300 g Asiago Käse
300 g Gorgonzola
200 g Emmentaler
250 ml Milch
2 TL Zucker
1 Dose Pizzatomaten
½ TL Salz
Pfeffer, Salz, Oregano, Paprikapulver

Zubereitung:

- Hefe klein zerbröseln.
- Mit Zucker, etwas Mehl und etwas Milch zu einem Vorteig verrühren.
- Etwa 10 Minuten ruhen lassen.
- Restmehl, Restmilch und Salz hinzufügen.
- Verrühren bis der Teig sich vom Schüsselrand löst.
- An einem warmen Ort eine halbe Stunde gehen lassen.
- Teig auf einem gefetteten Backblech ausrollen.
- Mozzarella und Gorgonzola in dünne Scheiben schneiden.
- Asiago und Emmentaler raspeln.
- Pizzatomaten mit den Gewürzen abschmecken.

- Abgeschmecktes auf dem ausgerollten Teig verteilen.
- Alle Käsesorten gleichmäßig über den Teig geben.
- Bei 220° C etwa 15 – 20 Minuten backen.

Alternativ:

1½ Päckchen Trockenhefe statt Frischhefe

- Mehl, Zucker, Hefe, Salz vermischen.
- Mit der Milch verrühren, bis der Teig sich vom Schüsselrand löst.
- An einem warmen Ort eine halbe Stunde gehen lassen.
- Teig auf einem gefetteten Backblech ausrollen.
- Weiter wie oben.

Spaghetti - Pizza

Zutaten:

450 g Spaghetti
2 Paprikaschoten
2 Zwiebeln
1 Dose Pizzatomaten
150 g geriebener Käse
Salz, Pfeffer, Oregano, Öl

200 g Champignons
400 g Hackfleisch
4 Knoblauchzehen
1 Dose Mais
7 Eier

Zubereitung:

- Spaghetti in Salzwasser bissfest garen.
- Gegarte Nudeln mit kaltem Wasser erschrecken.
- Paprika und Pilze in kleine Stücke schneiden.
- Zwiebeln und Knoblauch fein hacken.
- Beides in Öl glasig dünsten.
- Pilze zugeben und anbraten.
- Hackfleisch ebenfalls zugeben und krümelig braten.
- Pizzatomaten unterrühren.
- Salzen und Pfeffern.
- Paprika und Mais kurz mitdünsten.
- Eier mit Salz, Pfeffer und Oregano verquirlen.
- Ins Verquirlte 50 g Käse unterrühren.
- Spaghetti auf einem gefetteten Backblech verteilen.
- Verquirlte Eiermasse über die Nudeln geben.
- Hackfleisch gleichmäßig darauf verteilen.
- Restkäse darüber streuen.
- Bei 180° C etwa 20 – 30 Minuten überbacken.

Spargel - Tarte

Zutaten:

500 g weißer Spargel
500 g grüner Spargel
250 g Kartoffeln
400 g Blätterteig (TK)
5 Eier
300 g Cherry – Tomaten
300 ml Sahne
100 g geriebener Käse
2 EL Petersilie
Salz, Pfeffer, Paprika

Zubereitung:

- Kartoffeln in der Schale kochen.
- Spargel waschen und schälen.
- Grünen Spargel ca. 8 Minuten in Salzwasser garen.
- Weißen Spargel ca. 12 Minuten in Salzwasser garen.
- Stangen gut abtropfen lassen.
- Teig leicht ausgerollt in eine gefettete Quicheform (Springform) legen.
- Kartoffeln pellen und in Scheiben schneiden.
- Tomaten vierteln.
- Kartoffeln und Tomaten auf dem Teigboden verteilen.
- Spargelstangen sternförmig darauf legen.
- Petersilie klein hacken.
- Eier mit Käse, Sahne und Petersilie verschlagen.
- Mit den Gewürzen abschmecken.
- Eiersahne über die Tarte gießen.
- Bei 180° C etwa 30 Minuten backen.

Zwiebelkuchen

Zutaten Teig:

250 g Quark
80 ml Öl
1½ Päckchen Backpulver
80 ml Milch
½ TL Salz
450 g Mehl

Zutaten Belag:

1 kg Zwiebeln
400 g Sahne
8 Scheiben gekochter Schinken
6 Eigelb
Salz, Pfeffer

Zubereitung:

- Alle Teigzutaten zu einem glatten Teig verkneten.
- Teig auf einem gefetteten Backblech ausrollen.
- Den Schinken klein schneiden.
- Zwiebeln in klein würfeln.
- In einer Pfanne die Zwiebeln glasig dünsten.
- Schinken zu den Zwiebeln geben.
- Sahne, Eigelb und Gewürze verrühren.
- Eigelbmasse in die Pfanne geben.
- Die Zwiebel – Ei – Masse aufkochen lassen bis sie zu stocken beginnt.
- Dann die Masse auf den ausgerollten Teig geben.
- Bei 200° C etwa 25 – 30 Minuten backen.

Dies und das

Pasta, Risotto und noch mehr

Ägyptisches Möhrenpüree

Zutaten:

1 kg Möhren
100 g Sahne
75 g Butter
3 EL Ras el Hanout (Arabische Gewürzmischung)
Evtl. etwas Salz

Zubereitung:

- Möhren fein raspeln.
- Butter in einem Topf schmelzen lassen.
- Möhrenraspel unterrühren.
- Zugedeckt bei kleiner Hitze gar dünsten.
- Evtl. etwas Wasser zugeben.
- Nach dem Garen die Gewürzmischung einrühren.
- Noch einmal kurz köcheln lassen.
- Sahne unterrühren.
- Möhren pürieren
- Nach Geschmack salzen.
- Dazu schmeckt Fladenbrot.

Erbsen - Soße

Zutaten:

200 g Erbsen (TK)
1 Zwiebel
2 Knoblauchzehen
30 g Putenbrust in Scheiben
evtl. Sahne oder Milch
Salz, Pfeffer, Muskat, Öl

Zubereitung:

- Erbsen auftauen lassen.
- Zwiebel und Knoblauch fein hacken.
- Putenbrust in kleine Stücke schneiden.
- Brust, Knoblauch und Zwiebel in Öl anbraten.
- Erbsen zufügen und kurz mitdünsten.
- Alles zusammen fein pürieren.
- Mit den Gewürzen abschmecken.
- Wenn nötig zur „Verdünnisierung" Sahne oder Milch unterrühren.
- Dazu schmeckt Fladenbrot.
- Schmeckt auch zu Spargel als fettarme Alternative zur Sauce Hollandaise

Gorgonzola-Spätzle

Zutaten:

500 g Spätzle
3 Knoblauchzehen
200 g Gorgonzola
5 Frühlingszwiebeln
125 ml Milch
100 g Cocktailtomaten
1 EL Salbeiblätter
Olivenöl
Salz, Pfeffer

Zubereitung:

- In einem Topf mit Salzwasser die Spätzle garen.
- Spätzlewasser abgießen.
- Danach die Spätzle mit kaltem Wasser erschrecken.
- Danach gut abtropfen lassen.
- Gorgonzola, Zwiebeln und Knoblauch klein würfeln.
- Die Zwiebeln und den Knoblauch in Öl andünsten.
- Milch hinzugeben und erwärmen.
- Den Käse in der Milch auflösen.
- Dabei ständig umrühren.
- Die Sauce mit Pfeffer und Salz würzen.
- Eine Auflaufform einfetten.
- Darin die Käsesauce und Spätzle vermischen.
- Die Tomaten halbieren und auf die Spätzle geben.
- Alles etwa 5 Minuten bei 250° C überbacken.
- Mit Olivenöl die Salbeiblätter frittieren.
- Vor dem Anrichten die Blätter auf die Spätzle geben.

Knoblauch – Kartoffel – Püree

Zutaten:

600 g Kartoffeln
8 Knoblauchzehen
1 kleine Zwiebel
50 g gemahlene Mandeln
1 kleine rote Paprika
125 ml Olivenöl
Salz, Pfeffer, Weinessig, Zitronensaft

Zubereitung:

- Kartoffeln in der Schale kochen.
- Sofort pellen und durch eine Kartoffelpresse pressen.
- Abkühlen lassen.
- Zwiebel und Knoblauch sehr fein hacken.
- Paprika in kleine Würfel schneiden.
- Kartoffelnpüree, Zwiebel, Knoblauch Paprika und ca. 60 ml Wasser mit dem Handmixer gut verrühren.
- Nach und nach soviel Öl zugeben, dass das Püree cremig wird.
- Mit Pfeffer, Salz, Essig, Zitronensaft abschmecken.
- Püree vor dem Servieren 2 Stunden kühlen.
- Schmeckt gut zu Fladenbrot.

Kirschrisotto mit Gorgonzola

Zutaten für 3 Personen:

300 g Risottoreis
3 Knoblauchzehen
2 Zwiebeln
300 g Süßkirschen
200 ml Rotwein
1 l Gemüsebrühe
200 g Gorgonzola
1 EL Petersilie
Salz, Pfeffer, Oregano, Olivenöl

Zubereitung:

- Kirschen entsteinen und halbieren.
- Gorgonzola in kleine Stücke schneiden.
- Knoblauch und Zwiebeln fein hacken.
- Beides in 4 EL Öl glasig dünsten.
- Den Reis und Kirschen zugeben und gut im Bratfett wenden.
- Die Hälfte der heißen Brühe zugießen.
- Bei kleiner Hitze garen, bis die Flüssigkeit vom Reis aufgesogen ist.
- Dabei immer wieder umrühren.
- Nach und nach Rotwein und restliche Brühe zugeben.
- Immer wieder umrühren.
- Wenn die Flüssigkeit fast verkocht ist, Gorgonzola unterrühren.
- Risotto mit den Gewürzen abschmecken.
- Sofort servieren.

Königsberger Klopse

Zutaten:

600 g Hackfleisch	50 g Kapern
40 g Butter	30 g Mehl
2 altbackene Brötchen	2 Eier
1 Eigelb	1 Zwiebel
1 EL Senf	100 ml Sahne
750 ml Brühe	Salz, Pfeffer, Muskat

Zubereitung:

- Brötchen in Wasser einweichen.
- Nach der Weichzeit gut ausdrücken.
- Die Zwiebel fein hacken.
- Zwiebel, Eier, Brötchen und Hackfleisch mischen.
- Mit den Gewürzen abschmecken.
- Aus der Hackfleischmischung Klopse formen.
- Die Klopse in kochendes Wasser legen.
- Bei heruntergeschalteter Hitze etwa 10 – 15 Minuten garen lassen.
- Die Butter in einem Topf auflösen.
- Mehl unter Rühren in der Butter anschwitzen lassen.
- Wenn das Mehl genug geschwitzt hat, die Brühe zugießen.
- Die Soße etwa 15 Minuten köcheln lassen.
- Das Eigelb mit der Sahne verrühren und unter die Soße rühren.
- Soße dabei nicht mehr kochen lassen.
- Mit Salz abschmecken.
- Zum Schluss die Kapern in die Soße geben.
- Die Klopse mit der Soße anrichten.
- Mit Petersilienkartoffeln oder Reis servieren

Nudeln mit Linsensauce

Zutaten:

500g Farfalle - Nudeln
250g rote Linsen
300 g Hackfleisch
2 Zwiebeln
2 Knoblauchzehen
350 g Rettich
200 g Möhren
500 ml Gemüsebrühe
200 ml Wasser
1 Esslöffel Tomatenmark
Olivenöl, Salz, Pfeffer

Zubereitung:

- Rettich und Möhren fein raspeln.
- Zwiebeln und Knoblauch fein hacken.
- Beides in Öl glasig dünsten.
- Hackfleisch zugeben und krümelig braten.
- Rettich und Möhren untermengen und kurz mitdünsten.
- Salzen und Pfeffern.
- Linsen, Gemüsebrühe und Wasser einrühren.
- Zum Schluss das Tomatenmark zufügen.
- Alles zusammen etwa 20 Minuten köcheln lassen.
- Noch einmal abschmecken.
- Die Nudeln in Salzwasser al dente kochen.
- Danach mit heißem Wasser abspülen.
- Mit der Linsensauce vermischen.
- Alles zusammen noch einmal heiß werden lassen.

Pilzgulasch mit Spätzle

Zutaten:

500 g Spätzle
600 g gemischte Pilze
1 Paprika
2 Zwiebeln
4 Knoblauchzehen
½ Bund Schnittlauch
2 EL Basilikumblätter
250 ml Gemüsebrühe
50 g Sahne
100 ml Wein
2 EL Speisestärke
Salz, Pfeffer, Paprikapulver, Olivenöl

Zubereitung:

- Spätzle nach Packungsanweisung kochen.
- Pilze und Paprika in kleine Stücke schneiden.
- Zwiebeln und Knoblauch fein hacken.
- Beides in Öl glasig dünsten.
- Pilze und Paprika zugeben.
- Alles zusammen ca. 5 Minuten anbraten.
- Schnittlauch und Basilikumblätter klein hacken.
- Gehacktes Grünzeug unter die Pilzmasse rühren.
- Wein und Brühe zugießen.
- Kurz aufkochen lassen.
- Speisestärke unterrühren.
- Sahne ebenfalls einrühren.
- Mit den Gewürzen abschmecken.
- Pilzgulasch mit den Spätzle servieren.

Pistazien - Creme

Zutaten:

70 g Thunfisch (im eigenen Saft)
60 g gehackte Pistazien
30 g gehackte Walnusskerne
8 EL Olivenöl
6 EL Zitronensaft

Zubereitung:

- Thunfisch gut abtropfen lassen.
- Pistazien, Nüsse und Thunfisch im Mörser oder Mixer pürieren.
- Das Olivenöl mit dem Zitronensaft mischen.
- Zitronenöl unter die Pistazienmasse rühren.
- Dazu schmeckt Fladenbrot.

Puten - Sauerbraten

Zutaten:

1,2 kg Putenfleisch
1 Bund Suppengemüse
500 ml Weißwein
2 EL Schmalz
2 TL Lebkuchengewürz
5 Gewürznelken
Salz, Pfeffer

100 g Rosinen
2 Zwiebeln
200 ml Essig
2 EL Honig
2 Stangen Zimt
3 EL Soßenpulver

Zubereitung:

- Zwiebeln in jeweils acht Stücke schneiden.
- Suppengemüse klein schneiden.
- Wein, Essig, Gemüse, Zwiebeln, Gewürze und Honig aufkochen.
- Danach abkühlen lassen.
- Fleisch in eine Schüssel legen, mit dem Sud bedecken.
- Zugedeckt im Kühlschrank 2 Tage einlegen.
- Das Fleisch ab und zu umdrehen.
- Die Rosinen in Wasser einweichen.
- Fleisch aus der Marinade nehmen und trocken tupfen.
- Marinade durch ein Sieb gießen.
- Fleisch in heißem Öl rundherum anbraten.
- Abgetropftes Gemüse kurz mitdünsten.
- Marinade zugeben und aufkochen.
- In einem geschlossenen Bräter bei 200° C etwa 45 Minuten schmoren lassen.
- Bratenflüssigkeit durchsieben und etwas einkochen.
- Soßenpulver einrühren.
- Mit Salz, Pfeffer und Honig abschmecken.
- Fleisch in Scheiben schneiden.
- Mit der Soße, Rotkohl und Semmelknödel servieren.

Reis mit Fleisch - Gemüse - Soße

Zutaten:

500 g Hackfleisch	350 g Reis
500 g Tomaten	150 g Möhren
150 g Porree	150 g Zucchini
5 Knoblauchzehen	2 Zwiebeln
3 EL Tomatenmark	2 EL Petersilie
4 Frühlingszwiebeln	1 TL Oregano
500 ml Gemüsebrühe	100 ml Weißwein
Salz, Pfeffer, Paprika, Öl	

Zubereitung:

- Möhren, Zucchini und Porree klein schneiden.
- Zwiebeln und Knoblauch fein hacken.
- Tomaten mit heißem Wasser überbrühen und die Haut abziehen.
- Gehäutete Tomaten in kleine Stücke schneiden.
- In Olivenöl Zwiebeln und Knoblauch glasig dünsten.
- Hackfleisch zugeben und krümelig braten.
- Gemüse und Tomaten unterrühren und kurz mitdünsten.
- Tomatenmark einrühren.
- Mit den Gewürzen und Oregano abschmecken.
- Fleisch – Gemüsemischung mit Wein und Brühe ablöschen.
- Soße etwa 10 – 15 Minuten köcheln lassen.
- Den Reis kochen.
- Petersilie und Frühlingszwiebeln fein hacken.
- Beides unter die Soße rühren.
- Die Soße zusammen mit dem Reis servieren.

Risotto mit Erbsen

Zutaten:

350 g Risottoreis
3 Knoblauchzehen
300 g Erbsen (TK)
1 Zwiebel
100 ml Rotwein
900 ml Fleischbrühe
4 EL Parmesan
80 g gekochter Schinken
2 EL Olivenöl
50 g Butter
2 EL Petersilie
Salz, Pfeffer

Zubereitung:

- Knoblauch, Zwiebeln und Schinken klein schneiden.
- Alles im Öl und in der Butter glasig dünsten.
- Den Reis zugeben und gut im Bratfett wenden.
- Die Hälfte der heißen Brühe zugießen.
- Bei kleiner Hitze garen, bis die Flüssigkeit vom Reis aufgesogen ist.
- Dabei immer wieder umrühren!!!
- Nach und nach den Rotwein und die restliche Brühe zugeben.
- Nicht vergessen, immer wieder umrühren!!!
- Wenn die Flüssigkeit fast verkocht ist die Erbsen unterrühren.
- Salzen und Pfeffern.
- Kurz vor dem Servieren den Parmesan unterrühren.
- Zum Schluss die Petersilie überstreuen.

Schafskäse - Creme

Zutaten:

500 g Schafskäse
3 grüne türkische Paprika (Peperoni)
3 rote türkische Paprika (Peperoni)
1 Zwiebel
5 Knoblauchzehen
1 EL Oregano
1 TL Paprikapulver
Chilipulver
Sonnenblumenöl

Zubereitung:

- Alle Zutaten klein schneiden.
- Zutaten in eine Schüssel geben und pürieren.
- Dabei Sonnenblumenöl zugeben.
- Ölmenge richtet sich nach gewünschter Konsistenz.
- Oregano und Paprikapulver unterrühren.
- Je nach „Schärfegeschmack" mit Chili abschmecken („schärfen").
- Als Brot-, Fleisch- und Fischaufstrich geeignet.

Scharfe Nudeln

Zutaten:

400 g kurze Makkaroni
100 g Rauchfleisch in Scheiben
4 Knoblauchzehen
3 kleine getrocknete Chilischoten
1 Stange Porree
2 Dosen Pizzatomaten (420 g)
Salz, Pfeffer, Oregano, Olivenöl

500 g Hackfleisch
80 g Parmesankäse
1 Zwiebel
1 Kohlrabi
2 rote Paprika
½ Bund Basilikum
6 cl Marsalawein

Zubereitung:

- Basilikum in Streifen schneiden.
- Zwiebel, Knoblauch und Chilischoten klein hacken.
- Alles in Olivenöl glasig dünsten.
- Hackfleisch zugeben und krümelig braten.
- Rauchfleisch, Porree, Paprika und Kohlrabi in kleine Stücke schneiden.
- Tomaten mit dem Saft unter das Fleisch rühren.
- Rauchfleisch und Gemüse ebenfalls unterrühren.
- Etwa 10 Minuten lang einkochen lassen.
- Während des Einkochens den Wein und Basilikum zugeben.
- Sauce mit Salz, Pfeffer und Oregano scharf abschmecken.
- Makkaroni in Salzwasser mit etwas Öl al dente garen.
- Gut abgetropfte Nudeln unter die Sauce mischen.
- Halbe Käsemenge untermengen.
- Nudeln auf dem Teller mit dem restlichen Käse überstreuen.

Spätzle mit Leberkäse

Zutaten:

400 g Spätzle
850 g Sauerkraut
300 g Leberkäse (Fleischkäse)
2 Zwiebeln
2 Äpfel
200 ml Brühe
Salz, Pfeffer, Kümmel, Öl

Zubereitung:

- Spätzle nach Packungsanweisung al dente kochen.
- Äpfel und Leberkäse in kleine Stücke schneiden.
- Zwiebeln fein hacken.
- Gehackte Zwiebeln in Öl glasig dünsten.
- Sauerkraut und Apfelstücke untermengen.
- Alles zusammen andünsten.
- Brühe zugießen und aufkochen lassen.
- Leberkäse untermischen.
- Etwa 10 Minuten zugedeckt garen.
- Spätzle unter das Kraut mengen.
- Alles zusammen kurz erhitzen.
- Mit den Gewürzen abschmecken.

Spaghetti mit Mozzarella - Soße

Zutaten:

400 g Spaghetti
1 Zwiebel
3 Knoblauchzehen
50 ml Weißwein
1 Dose Pizzatomaten
400 g Hackfleisch
100 g Sahne
3 EL Olivenöl
1 Bund Lauchzwiebeln
2 TL Oregano
200 g passierte Tomaten
100 g Champignons
250 g Mozzarella
Salz, Cayennepfeffer

Zubereitung:

- Spaghetti nach Packungsanweisung al dente kochen.
- Zwiebel und Knoblauch klein hacken.
- Beides im Olivenöl glasig dünsten.
- Hackfleisch zugeben und krümelig braten.
- Pizzatomaten mit der Flüssigkeit zugeben.
- Wein, passierte Tomaten und Sahne unterrühren.
- Pilze und Lauchzwiebeln in kleine Stücke schneiden.
- Zusammen mit dem Oregano zur Soße geben.
- Etwa 10 Minuten einkochen lassen.
- Salzen und Pfeffern.
- Mozzarella in kleine Stücke schneiden.
- Kurz vor dem Servieren unter die Soße mischen.
- Spaghetti mit der Soße servieren.

Spaghetti mit roten Bohnen

Zutaten:

400 g Spaghetti
2 Zwiebeln
3 Knoblauchzehen
2 EL Senf
1 große Dose Kidneybohnen
150 g Salami
300 g saure Sahne
3 EL Tomatenmark
1 TL Oregano
Parmesankäse
Salz, Pfeffer, Olivenöl

Zubereitung:

- Salami klein schneiden.
- Spaghetti nach Packungsanweisung al dente kochen.
- Zwiebeln und Knoblauch klein hacken.
- Beides im Olivenöl glasig dünsten.
- Salami zugeben und kurz mitdünsten.
- Bohnen mit der Flüssigkeit zugeben.
- Senf, Tomatenmark und saure Sahne unterrühren.
- Etwa 5 Minuten unter Rühren garen lassen.
- Oregano untermengen.
- Salzen und Pfeffern.
- Spaghetti mit der Bohnensauce servieren.
- Mit Parmesan überstreuen.

Spargel mit Gnocchi

Zutaten:

1 kg weißer Spargel
400 g Gnocchi
1 Bund Frühlingszwiebeln
1 Dose Pizzatomaten
4 EL Olivenöl
1 Bund Thymian
4 Knoblauchzehen
Pfeffer, Salz, Zucker

Zubereitung:

- Spargel schälen.
- Mit etwas Zucker in kochendem Salzwasser ungefähr 15 - 20 Minuten garen.
- Zwiebeln und Knoblauch in kleine Stücke hacken.
- Beides in einer Pfanne im Olivenöl glasig dünsten.
- Gnocchi dazugeben und goldbraun braten.
- Tomaten zugeben und unterrühren.
- Thymian klein hacken und ebenfalls untermengen.
- Mit Salz und Pfeffer abschmecken.
- Spargel mit den Gnocchi servieren.

Studenten - Nudeln

Zutaten:

200 g Studentenfutter
500 g Bandnudeln
200 g Sahne
50 g geriebenen Parmesankäse
100 ml Olivenöl
200 ml Gemüsebrühe
3 Knoblauchzehen
2 EL Basilikumblätter
2 EL Honig
Zitronensaft, Chilipulver
Salz, Pfeffer

Zubereitung:

- Nudeln in Salzwasser al dente kochen.
- Knoblauch und Basilikum fein hacken.
- 150 g Studentenfutter zermahlen (z.B. in Kaffeemühle) oder klein hacken.
- Zermahlenes Futter, Knoblauch, Basilikum, Öl, Käse und Honig in eine hohe Rührschüssel geben.
- Mit dem Pürierstab alles fein pürieren.
- Brühe und Sahne in einem Topf aufkochen.
- Püree unterrühren und etwas köcheln lassen.
- Mit den Gewürzen und Zitronensaft abschmecken.
- Nudeln abgießen und mit kaltem Wasser erschrecken.
- Studentensoße unter die Nudeln mischen.
- Vor dem Servieren das restliche Studentenfutter über die Nudeln streuen.

Tortellini mit Gorgonzola

Zutaten:

500 g Tortellini (Füllung nach Belieben)
200 g Gorgonzola
100 g gekochter Schinken
75 g Walnüsse
300 ml Gemüsebrühe
150 ml Schlagsahne
1 Zwiebel
3 Knoblauchzehen
1 EL frische Petersilie
Salz, Pfeffer, Oregano, Öl

Zubereitung:

- Zwiebel und Knoblauch klein hacken.
- Beides in Öl glasig dünsten.
- Die Sahne und die Brühe zugeben.
- Sahnebrühe aufkochen lassen.
- Den Gorgonzola in kleine Stücke schneiden.
- Gorgonzola in der Brühe schmelzen lassen.
- Dabei ständig umrühren.
- Salzen und Pfeffern.
- Petersilie und Walnüsse klein hacken.
- Den Schinken in kleine schmale Streifen schneiden.
- Walnüsse, Petersilie, Schinken und Oregano unter die Soße rühren.
- Tortellini in kochendem Salzwasser ca. 8 – 10 Minuten garen.
- Evtl. Packungsanweisung beachten.
- Tortellini mit kaltem Wasser erschrecken.
- Zusammen mit der Soße anrichten.

Winterlicher Reistopf

Zutaten:

1000 g Rosenkohl
250 g Reis
500 g Rauchwurst (Mettwurst)
2 Zwiebeln
2 EL Öl
1 kleines Glas Möhren
1 kleine Dose Mais
750 ml Gemüsebrühe
Salz, Pfeffer

Zubereitung:

- Rosenkohl putzen, evtl. halbieren.
- Zwiebeln klein würfeln.
- Würfel im Öl glasig dünsten.
- Den Reis unterrühren.
- Unter Rühren ca. 5 Minuten erhitzen.
- Heiße Gemüsebrühe dazugeben.
- Alles kurz aufkochen lassen.
- Rosenkohl unterheben.
- Salzen und Pfeffern.
- Alles aufkochen und bei kleiner Hitze ca. 20 Minuten garen.
- Rauchwurst in Scheiben schneiden.
- Nach 15 Minuten Garzeit Wurst, Mais und Möhren unterrühren.
- Heiß servieren.

Zartweizen – Risotto

Zutaten:

300 g Zartweizen
400 g Wirsing
500 g Champignons
6 Cherry – Tomaten
2 Knoblauchzehen
2 Zwiebeln
200 g Schlagsahne
80 g geriebener Käse
800 ml Gemüsebrühe
100 ml Rotwein
frischer Thymian
Salz, Pfeffer, Öl

Zubereitung:

- Champignons in klein würfeln.
- Wirsing in feine Streifen schneiden.
- Zwiebeln, Knoblauch und Thymian fein hacken.
- Tomaten in kleine Stücke schneiden.
- Knoblauch und Zwiebeln in 3 EL Öl glasig dünsten.
- Pilze zugeben und 5 Minuten mitbraten.
- Wirsing untermischen.
- Weitere 5 Minuten braten.
- Salzen und Pfeffern.
- Den Zartweizen untermengen.
- Wein und Brühe zugießen.
- Aufkochen und 10 Minuten köcheln lassen.
- Tomaten, Thymian und Sahne unterrühren.
- Noch einmal 5 Minuten köcheln lassen.
- Endgültig mit den Gewürzen abschmecken.
- Käse unterrühren und sofort servieren.

Zaziki

Zutaten:

1 Salatgurke (ca. 250 g)
500 g Joghurt (griechischer, 10% Fett)
150 g Magerquark
8 Knoblauchzehen
1 TL Olivenöl
Salz, Pfeffer

Zubereitung:

- Die Gurke schälen und grob raspeln.
- Raspel gut ausdrücken.
- Knoblauch pressen und zu den Raspeln geben.
- Öl, Quark und Joghurt gut verrühren.
- Gurken unter die Quark – Joghurt – Mischung rühren.
- Zaziki mit Salz und Pfeffer würzen.
- Genießen mit Fladenbrot oder als Beilage zum Essen.

Desserts

als Süßes für danach

Apfel - Bananen - Stracciatella

Zutaten:

200 g Frischkäse
1 EL Zucker
150 g Naturjoghurt
1 EL Zitronensaft
2 EL Schokostreusel
1 Apfel
2 Bananen

Zubereitung:

- Eine Banane und die Hälfte des Apfels pürieren.
- Den Frischkäse mit dem Joghurt verrühren.
- Zucker, Schokostreusel und Zitronensaft unterrühren.
- Bananen-Apfelpüree ebenfalls in die Stracciatella-masse rühren.
- Restliches Obst in kleine Stücke schneiden.
- Obst unter das Stracciatella heben.
- Stracciatella in Dessertschälchen füllen.
- Mit Schokostreusel garniert servieren.

Beeren – Baiser

Zutaten:

200 g Beeren
4 Kugeln Vanilleeis
2 – 4 Eiweiß (je nach Förmchengröße)
40 g Puderzucker
2 cl Amarettolikör
Saft von 1 Limette

Zubereitung:

- Amaretto, Limettensaft und Beeren vorsichtig vermengen.
- Gemengtes in 4 kleine Souffleförmchen füllen.
- Eiweiß sehr steif schlagen.
- Dabei den Zucker einrieseln lassen.
- Jeweils eine Eiskugel auf die Beeren setzen.
- Eischnee gleichmäßig auf die Förmchen verteilen.
- Beeren und Eis müssen abgedeckt sein.
- Im Backofen (Grill) etwa 5 Minuten goldbraun überbacken.
- Sofort servieren.

Beeren - Eis

Zutaten:

300 g Beerenmischung (TK)
2 Päckchen Vanillezucker
250 g Naturjoghurt
200 g Schlagsahne
2 EL Zucker
2 cl Rum

Zubereitung:

- Sahne steif schlagen.
- Unaufgetaute Beeren in einen hohen Rührtopf geben.
- Die restlichen Zutaten zugeben.
- Alles zusammen pürieren.
- Steife Sahne unterheben.
- Eis in Dessertschälchen füllen.
- Mit einem Sahnetupfer garnieren.
- Beeren – Eis sofort servieren.

Cappuccino - Creme

Zutaten:

100 ml Espressokaffee
3 Eier
250 g Schlagsahne
60 g Zucker
50 g flüssige Butter
60 g gemahlene Nüsse
20 g Sofortgelatine / Fertiggelatine
20 g gehackte Pistazien
Schokoladenkaffeebohnen

Zubereitung:

- Die Eier trennen.
- Eigelb mit 20 g Zucker und 1 EL lauwarmem Wasser schaumig rühren.
- Nach und nach Butter, 10 g Gelatine, Pistazien, Nüsse und warmen Espresso unterrühren.
- Masse abkühlen lassen.
- Schlagsahne mit Restgelatinepulver steif schlagen.
- Eiweiß steif schlagen.
- Dabei den Restzucker einrieseln lassen.
- Sahne und Eischnee unter die Kaffeemasse heben.
- Creme in Dessertschälchen füllen.
- Mindestens 2 Stunden kühl stellen.
- Mit Schoko - Kaffeebohnen verziert servieren.

Eierlikör - Tiramisu

Zutaten:

170 ml Eierlikör
250 ml heißer Espresso
500 g Mascarpone
500 g Schlagsahne
200 g Löffelbiskuit
100 g Zucker
30 g Sofortgelatine / Fertiggelatine
2 Päckchen Vanillezucker
Kakaopulver

Zubereitung:

- Den Zucker im heißen Espresso auflösen.
- Espresso abkühlen lassen.
- 15 g Gelatine in den Eierlikör einrühren.
- Mascarpone zugeben und gut unterrühren.
- Schlagsahne steif schlagen.
- Dabei die restliche Gelatine und den Vanillezucker einrieseln lassen.
- Die Sahne unter die Mascarpone - Creme rühren.
- Die Hälfte der Biskuits in eine Form legen.
- Biskuits mit der Hälfte des Espressos beträufeln.
- Eine Hälfte der Creme auf die Biskuits streichen.
- Die restlichen Biskuits auflegen.
- Ebenfalls mit Espresso beträufeln.
- Restcreme aufstreichen.
- Mindestens 3 Stunden kühl stellen.
- Vor dem Servieren mit Kakaopulver bestäuben.

Erdbeer - Kokos - Parfait

Zutaten:

750 g Erdbeeren
20 g Puderzucker
4 Eigelbe
100 g Kokosraspel
1 Päckchen Vanillezucker
60 g Zucker
600 g Schlagsahne
8 EL Cognac

Zubereitung:

- Die Erdbeeren in kleine Stücke schneiden.
- Etwa die Hälfte der Erdbeeren mit dem Puderzucker pürieren.
- Eigelbe, Cognac, Kokosraspel, Zucker und Vanillezucker vermischen.
- Mischung im heißen Wasserbad dickschaumig rühren.
- Ei – Kokosmasse abkühlen lassen.
- Die Sahne steif schlagen.
- Sahne unter die abgekühlte Ei – Kokosmasse heben.
- Die restlichen Erdbeeren ebenfalls unterheben.
- Eine längliche Form mit Klarsichtfolie auslegen.
- Parfait in die Form geben.
- Im Tiefkühlfach acht Stunden frieren lassen.
- Erfrorenes Parfait stürzen und in Scheiben schneiden.
- Scheiben auf Dessertteller geben.
- Das Erdbeerpüree um die Scheiben gießen.
- Mit Erdbeerstückchen garnieren.

Fioretto - Creme

Zutaten:

5 Fioretto - Pralinen (Nougat)
2 Eier
1 Spritzer Zitronensaft
75 g Zucker
1 Päckchen Sahnesteif
200 g Schlagsahne
1 Päckchen Vanillepuddingpulver (für 500 ml)

Zubereitung:

- Fioretto - Pralinen klein hacken.
- Die Eier trennen.
- Eiweiß steif schlagen.
- Sahne mit Sahnesteif schlagen.
- Zitronensaft und 450 ml Wasser zum Kochen bringen.
- Zucker und Puddingpulver vermischen.
- Mischung mit 50 ml Wasser verrühren.
- Zucker – Pudding – Mischung in das kochende Zitronenwasser einrühren.
- Kurz aufkochen.
- Vom Herd nehmen und unter Rühren abkühlen lassen.
- Das verquirlte Eigelb unterrühren.
- Eiweiß, die halbe Sahnemenge und die Pralinen unterheben.
- Creme in Dessertschälchen füllen.
- Mindestens 3 Stunden kalt stellen.
- Vor dem Servieren mit der Restsahne verzieren.

Grappa - Creme

Zutaten:

400 g kernlose Weintrauben
350 g Dickmilch
1 Päckchen Vanillezucker
30 g Zucker
125 g Schlagsahne
3 EL Grappa
1 EL Sofortgelatine / Fertiggelatine

Zubereitung:

- Sahne mit Gelatine steif schlagen.
- Grappa, Zucker, Vanillezucker und Dickmilch verrühren.
- Die steif geschlagene Sahne unterheben.
- Die Weintrauben halbieren.
- Trauben in Dessertschälchen geben.
- Ein paar Trauben zum Verzieren zurückhalten.
- Creme über die Trauben geben.
- Mit den Resttrauben verzieren.
- Mindestens 2 Stunden im Kühlschrank kalt stellen.

Joghurt Nockerln mit Beeren

Zutaten:

300 g Naturjoghurt
200 g Magerquark
150 g Creme fraîche
100 g Puderzucker
1 kg gemischte Beeren
2 Eiweiß
1 EL Zucker

Zubereitung:

- Joghurt, Creme fraîche, Quark und Puderzucker verrühren.
- Eiweiß steif schlagen.
- Den Eischnee unter die Joghurtmasse heben.
- Ein feuchtes Leinentuch (Geschirrtuch) in ein Sieb legen.
- Joghurtmasse in das Tuch geben.
- Mit Frischhaltefolie abdecken.
- Über Nacht im Kühlschrank abtropfen lassen.
- Die Hälfte der Beeren mit dem Zucker pürieren.
- Püree auf vier Dessertschälchen verteilen.
- Von der Joghurtmasse mit einem Löffel Nockerln abstechen.
- Nockerln auf das Püree setzen.
- Restliche Beeren um die Nockerln verteilen.

Joghurt - Mousse mit Beeren

Zutaten:

250 g Joghurt (fettarm)
200 g Frischkäse
2 EL Zitronensaft
100 g Zucker
100 ml Orangensaft
200 g Schlagsahne
30 g Sofortgelatine / Fertiggelatine
1 Glas Beerencocktail (alternativ frische Beeren)

Zubereitung:

- Frischkäse, Joghurt und Zitronensaft verrühren.
- Zucker und Gelatinepulver vermischen.
- Gelatinemischung in den Orangensaft einrühren.
- Käse – Joghurtmasse mit dem Orangensaft verrühren.
- Schlagsahne steif schlagen.
- Die geschlagene Sahne unter die Joghurtmasse heben.
- Mousse in vier Dessertschälchen füllen.
- Mindestens vier Stunden kalt stellen.
- Vor dem Servieren die Cocktailmischung über die Mousse geben.

Johannisbeer - Creme

Zutaten:

1 Päckchen Vanillepuddingpulver
4 EL Zucker
50 ml Milch
250 ml Johannisbeersaft
200 g Creme fraîche
½ Apfel
2 Eier

Zubereitung:

- Die Eier trennen.
- Puddingpulver in die Milch einrühren.
- Johannisbeersaft mit 3 EL Zucker zum Kochen bringen.
- Creme fraîche einrühren.
- Puddingmasse unterrühren und aufkochen lassen.
- Beide Eigelb unterziehen.
- Das Eiweiß mit 1 EL Zucker steif schlagen.
- Halbe Eiweißmasse unter die Creme heben.
- Den Apfel pürieren oder reiben.
- Apfelpüree mit dem Resteiweiß verrühren.
- Creme in Dessertschälchen füllen.
- Zum Garnieren Apfeleiweiß auf die Creme setzen.

Kanarische Mandelcreme
(Bienmesabe)

Zutaten:

200 g gemahlene Mandeln
150 g Zucker
4 Eigelb
2 EL Zitronensaft
2 EL Milch
2 EL Sherry
Zimtpulver

Zubereitung:

- Mandeln in einer beschichteten Pfanne goldgelb rösten.
- Dauernd umrühren, Anbrenngefahr!!!
- Geröstete Mandeln aus der Pfanne nehmen.
- Zucker mit 250 ml Wasser in einem Topf zum Köcheln bringen.
- Die Mandeln zugeben und aufkochen.
- Masse abkühlen lassen.
- Eigelb schaumig rühren.
- Die Milch unterrühren.
- Milcheigelb, Sherry und Zitronensaft unter die Mandelmasse mischen.
- Alles kurz aufkochen.
- In Dessertschälchen füllen und abkühlen lassen.
- Erkaltete Creme vor dem Servieren mit Zimt überstreuen.

Kirsch - Mousse mit Mascarpone

Zutaten:

1 Glas Sauerkirschen
400 g Schlagsahne
250 g Mascarpone
250 g Sahnequark
3 EL Zitronensaft
2 Eier
15 g Sofortgelatine / Fertiggelatine
2 Päckchen Vanillezucker
4 EL Puderzucker
2 EL gehackte Pistazien

Zubereitung:

- Kirschen abtropfen lassen.
- Die abgetropften Kirschen pürieren.
- Eier trennen.
- Das Eiweiß steif schlagen.
- Sahne mit Puderzucker und halber Gelatine steif schlagen.
- Mascarpone, Sahnequark, Vanillezucker, Zitronensaft, Kirschpüree und Restgelatine gut verrühren.
- Die Sahne unter die Creme heben.
- Den Eischnee ebenfalls unterheben.
- Mousse in Dessertschälchen füllen.
- Gefüllte Dessertschälchen mindestens eine Stunde kalt stellen.
- Vor dem Servieren mit den Pistazien bestreuen.

Mandelcreme a la Henriette

Henriette Davidis (1844)

Zutaten für 6 Personen:

125 g Zucker
600 g Schlagsahne
2 EL Amaretto
30 g Sofortgelatine / Fertiggelatine
2 Stangen Vanille
125 g geriebene Mandeln

Zubereitung:

- Das Mark aus den Vanilleschoten kratzen.
- Vanillemark und Amaretto in die Sahne rühren.
- Etwa eine halbe Stunde ziehen lassen.
- Zucker, Mandeln und Gelatinepulver vermischen.
- Die Sahne nach und nach mit dem Mixer einrühren.
- Alles zusammen rühren, bis die Sahne steif ist.
- Creme in Dessertschälchen füllen.
- Etwa 2 Stunden kühl stellen.
- Mit Mandel- oder Schokostückchen garnieren.

Marzipan - Himbeer - Creme

Zutaten:

120 g Marzipan-Rohmasse
180 g Zucker
2 EL Amaretto
300 g Himbeeren (TK)
500 g Schlagsahne
2 Eier
25 g Sofortgelatine / Fertiggelatine
1 EL Zitronensaft

Zubereitung:

- Zitronensaft, Himbeeren und 100 g Zucker in einem Topf aufkochen.
- Etwa 5 Minuten köcheln lassen.
- Marzipan klein schneiden.
- Zusammen mit 100 g Sahne fein pürieren.
- Den Amaretto und die Himbeeren unterrühren.
- 15 g Gelatine mit dem Restzucker vermischen.
- Zuckermischung und Eier im heißen Wasserbad schaumig schlagen.
- Eier – Zuckermischung mit der Marzipanmischung verrühren.
- Creme abkühlen lassen.
- Restsahne mit der Restgelatine steif schlagen.
- Die Sahne unter die Creme heben.
- Creme in Dessertschälchen füllen.
- Mindestens 3 Stunden kühl stellen.

Möhren – Creme

Zutaten:

400 g Möhren
150 g Schlagsahne
75 g Marzipan – Rohmasse
1 EL Puderzucker
1 EL Zitronensaft
1 Päckchen Vanillezucker
Kardamom, Ingwerpulver

Zubereitung:

- Die Möhren klein schneiden.
- In wenig Wasser weich garen.
- Möhrenflüssigkeit abschütten.
- Marzipan, Möhren und Puderzucker mit Zitronensaft pürieren.
- Mit Kardamom und Ingwer abschmecken.
- Püree abkühlen lassen.
- Sahne mit dem Vanillezucker steif schlagen.
- Steife Sahne unter die Möhren heben.
- Creme in Dessertgläser füllen.
- Mit einem Sahnetupfer garniert servieren.

Mousse au Café

Zutaten:

3 Eier
150 g Schlagsahne
75 g Zucker
50 g Schokoladenstreusel
15 g Sofortgelatine / Fertiggelatine
80 ml Espresso
Schokoladenkaffeebohnen

Zubereitung:

- Die Eier trennen.
- Schokostreusel und Espresso im Wasserbad schmelzen lassen.
- Dabei ständig rühren
- Schokokaffee abkühlen lassen.
- Eiweiß steif schlagen.
- Sahne steif schlagen.
- Eigelb, Zucker und Gelatine schaumig rühren.
- Schokokaffee unter die Eigelbmasse rühren.
- Sahne und Eiweiß mit dem Schneebesen unterheben.
- Mousse in vier Schälchen füllen.
- Mindestens 2 Stunden kühl stellen.
- Mit Schokokaffeebohnen verziert servieren.

Nougat - Törtchen

Zutaten:

125 g Doppelrahm – Frischkäse
2 EL Schlagsahne
1 EL Nougat – Creme
1 EL Magerquark
2 TL gehackte Pistazien
4 TL Amaretto
4 Biskuit – Törtchen (Fertigprodukt)

Zubereitung:

- Frischkäse, Quark, Nougatcreme und Sahne gut verrühren.
- Törtchen mit dem Amaretto beträufeln.
- Creme auf die Törtchen verteilen.
- Mit den Pistazien verzieren.

Obst - Schnee

Zutaten:

750 g Obst nach Wahl
        (Kiwi, Ananas, Erdbeeren, Mango, Pfirsich etc.)
8 TL Honig
4 Eiweiß

Zubereitung:

- Das Obst mit dem Honig fein pürieren.
- Eiweiß sehr steif schlagen.
- Obstpüree vorsichtig unter den Eischnee heben.
- Obstschnee in Dessertschälchen geben.
- Mit Obststückchen garniert servieren.

Ricotta - Kirsch - Creme

Zutaten:

1 Glas Kirschen
50 g Zucker
60 g Schokoladenstreusel
15 g Speisestärke
500 g Ricotta
100 ml Eierlikör
200 g Schlagsahne
15 g Sofortgelatine / Fertiggelatine

Zubereitung:

- Die Kirschen in einem Sieb abtropfen lassen.
- Vom aufgefangenen Kirschsaft 6 EL mit der Stärke verrühren.
- Restlichen Saft mit 15 g Zucker zum Kochen bringen.
- Stärkemischung einrühren.
- Die Kirschen zugeben und abkühlen lassen.
- Sahne steif schlagen.
- Restzucker und Gelatinepulver vermischen.
- Mischung mit Ricotta und Likör verrühren.
- Schokostreusel einrühren.
- Die Sahne unterheben.
- Kirschkompott in Dessertschälchen füllen.
- Creme auf die Kirschen geben.
- Mindestens 1 Stunde kühl stellen.
- Mit Kirschen und/oder Schokostückchen garnieren.

Schoko - Nuss - Creme

Zutaten:

400 g Schlagsahne
4 Eigelb
2 Vanilleschoten
60 g Zucker
1 Päckchen Vanillezucker
10 g Sofortgelatine / Fertiggelatine
50 g Schokostreusel
50 g Walnüsse

Zubereitung:

- Das Mark aus den Vanilleschoten kratzen.
- Walnüsse klein hacken.
- Eigelb, Zucker und Vanillemark cremig rühren.
- Schlagsahne steif schlagen.
- Dabei Gelatinepulver und Vanillezucker einrieseln lassen.
- Sahne unter die Eiercreme heben.
- Walnüsse und Schokostreusel ebenfalls unterheben.
- Creme in 4 Sektschalen (Dessertschälchen) füllen.
- Mindestens eine Stunde kalt stellen.
- Mit einigen Nüssen dekoriert servieren.

Schokomousse mit Waldbeeren

Zutaten:

45 g weiche Butter
200 g Schlagsahne
15 g Puderzucker
2 Eigelb
100 g weiße Kuvertüre
3 EL Kirschwasser
1 Schälchen Waldbeeren

Zubereitung:

- Puderzucker und Butter cremig rühren.
- Eigelb ca. 3 – 5 Minuten unterrühren.
- Kuvertüre grob hacken und im Wasserbad schmelzen.
- Mit dem Schneebesen die Kuvertüre unter die Buttercreme rühren.
- Kirschwasser ebenfalls unterrühren.
- Sahne steif schlagen.
- Steife Sahne unter die Creme heben.
- Waldbeeren auf 4 Dessertschälchen verteilen.
- Creme auf die Waldbeeren geben.
- Mindestens 3 Stunden kühl stellen.

Stracciatella - Dessert

Zutaten:

1 Dose Aprikosen (425 g)
250 g Mascarpone
200 g Magerquark
50 g Zucker
100 g Schokoladenraspeln
2 EL Rum
2 EL Zitronensaft
1 Fläschchen Butter – Vanille-Aroma

Zubereitung:

- Die Aprikosen im Sieb abtropfen lassen und den Saft auffangen.
- Mascarpone, Quark, Rum und 4 EL Aprikosensaft in eine Schüssel geben.
- Mit einem Schneebesen oder Mixer glatt rühren.
- Zucker, Vanillearoma und Zitronensaft zugeben.
- Zum Schluss die Schokoraspeln unterrühren.
- Stracciatellamasse auf vier Dessertteller verteilen.
- Aprikosen in Streifen schneiden.
- Stracciatella mit den Aprikosen verziert servieren.

Muffins

die kleine runde Versuchung

Baileys - Muffins

Zutaten:

100 ml Baileys – Likör
150 g Joghurt
2 Päckchen Vanillezucker
1 EL Zitronensaft
180 g Mehl
135 g Zucker
3 Eier
1½ TL Backpulver
40 ml Sonnenblumenöl

Zubereitung:

- Zucker, Vanillezucker und Eier cremig rühren.
- Baileys, Zitronensaft, Joghurt und Öl unterrühren.
- Mehl und Backpulver vermischen.
- Mischung unter die Eiermasse heben.
- Teig in 12 – 16 Muffinförmchen geben.
- Bei 200° C etwa 15 – 20 Minuten backen.
- In der Form abkühlen lassen.

Blaubeer - Muffins

Zutaten:

125 g Blaubeeren
250 g Mehl
¾ Päckchen Backpulver
130 g Zucker
1 Ei
1 Spritzer Zitronensaft
60 g sehr weiche Butter
½ TL Salz
280 ml Milch
20 ml Rum

Zubereitung:

- Zucker, Butter und Ei verrühren.
- Mehl mit Backpulver und Salz vermischen.
- Mischung und restliche Zutaten (außer Beeren) unter das Zucker-Ei rühren.
- Beeren in etwas Mehl wälzen.
- Mehlige Beeren unter den Teig heben.
- Teig auf 12 Muffinförmchen verteilen.
- Bei 190° C etwa 25 Minuten backen.
- In der Form auskühlen lassen.

Gorgonzola - Muffins

Zutaten:

225 g Gorgonzola
150 g Magerquark
100 g Creme fraîche
3 EL Milch
250 g Mehl
1 Prise Zucker
1 Ei
1 TL Salz
½ TL Backpulver
40 ml Sonnenblumenöl
Pfeffer

Zubereitung:

- Gorgonzola in kleine Stücke schneiden.
- 12 Stückchen auf Seite legen.
- Creme fraîche, Quark, Ei, Öl, Zucker, Milch, Salz und Pfeffer gut verrühren.
- Mehl und Backpulver vermischen.
- Mischung mit dem Gorgonzola unter die Quarkmasse heben.
- In Folie gewickelt etwa 15 Minuten kühl stellen.
- Teig auf 12 Muffinförmchen verteilen.
- Jeweils ein Stückchen Gorgonzola leicht oben in den Teig drücken.
- Bei 200° C etwa 15 – 20 Minuten backen.
- In der Form etwas abkühlen lassen.
- Kalt oder warm servieren.

Kartoffel - Erbsen - Muffins

Zutaten:

450 g Kartoffeln
150 g Erbsen (TK)
120 ml Milch
2 rote Zwiebeln
3 Knoblauchzehen
5 Eier
100 g geräucherter Schinken in Scheiben
2 EL Sonnenblumenöl
Salz, Pfeffer, Oregano

Zubereitung:

- Erbsen kurz in kochendes Wasser geben.
- Danach gut abtropfen lassen.
- Kartoffeln in der Schale bissfest kochen.
- Schinken in kleine Stücke schneiden.
- Gekochte Kartoffeln klein würfeln.
- Zwiebeln und Knoblauch fein hacken.
- Beides in Öl glasig dünsten.
- Kartoffeln, Erbsen und Schinken kurz mitdünsten.
- Milch und Eier verrühren.
- Mit den Gewürzen abschmecken.
- Eiermilch mit der Kartoffelmasse vermischen.
- Mischung auf 12 Muffinförmchen verteilen.
- Bei 180° C etwa 30 Minuten backen.
- In der Form etwa 10 Minuten abkühlen lassen.
- Kalt oder warm servieren.

Kokos - Erdbeer - Muffins

Zutaten:

50 g Kokosraspeln
200 g Erdbeeren
150 g Zucker
120 g Mehl
120 g Dinkel-Vollkornmehl
200 g Joghurt
1 Ei
60 ml Sonnenblumenöl
2 TL Backpulver
½ TL Zimt
1 Päckchen Vanillezucker

Zubereitung:

- Die Erdbeeren in kleine Stücke schneiden.
- Mehl, Vollkornmehl, Backpulver, Kokosraspeln und Zimt vermischen.
- Erdbeeren unter die Mischung mengen.
- Ei, Vanillezucker und Zucker cremig rühren.
- Öl und Joghurt unterrühren.
- Die Mehlmischung unterheben.
- Teig auf 12 Muffinförmchen verteilen.
- Bei 200° C etwa 20 Minuten backen.
- In der Form 10 Minuten abkühlen lassen.

Bitte mit Sahne

Kuchen & Torten mit und ohne

Joghurt – Torte mit Mascarpone

Zutaten:

14 Scheiben Knäckebrot
120 g weiche Butter
8 cl Kirschwasser
40 g Puderzucker
250 g Mascarpone
500 g Naturjoghurt
2 TL Zitronensaft
350 g Kirschen (Glas)
30 g Sofortgelatine / Fertiggelatine

Zubereitung:

- Knäckebrotscheiben fein zerbröseln.
- Brösel mit Butter und 4 cl Kirschwasser vermischen.
- Boden einer Springform mit Backpapier auslegen.
- Butterbröselmasse in die Form drücken.
- Kirschen gut abtropfen lassen.
- Joghurt, Mascarpone, Zitronensaft und restliches Kirschwasser verrühren.
- Gelatinepulver und Puderzucker vermischen.
- Mischung unter die Joghurtcreme rühren.
- Abgetropfte Kirschen unter die Creme heben.
- Joghurtcreme auf den Tortenboden verteilen und glatt streichen.
- Mindestens 2 Stunden im Kühlschrank kühlen.
- Vor dem Servieren mit Kirschen und Sahnetupfen verzieren.

Königinnen - Torte

Zutaten:

200 g Butterkekse

2 Päckchen Vanillezucker

600 g Frischkäse

1 Päckchen Sahnesteif

2 Packungen Götterspeise (Farbe je nach Obst)

500 g Obst (Himbeeren, Erdbeeren, Rhabarber, Waldbeeren etc.)

80 g Butter

700 g Schlagsahne

270 g Zucker

Zubereitung:

- Butterkekse zerkleinern und die Butter schmelzen.
- Butter, 20 g Zucker und die Butterkekse verkneten.
- Den Teig in eine gefettete Springform drücken.
- Etwa 30 Minuten kühl stellen.
- Obst evtl. in kleine Stücke schneiden.
- Götterspeise mit 400 ml Wasser anrühren und quellen lassen (ca. 5 Minuten).
- Die gequollene Götterspeise erhitzen (nicht kochen) und etwas abkühlen lassen.
- 500 g Sahne steif schlagen.
- 1 Päckchen Vanillezucker, den Restzucker und den Frischkäse verrühren.
- Nacheinander die Götterspeise, die Sahne und das Obst unter die Käsecreme heben.
- Göttercreme auf den Tortenboden geben.
- Im Kühlschrank ca. 5 Stunden kalt stellen.
- Restsahne mit Sahnesteif und 1 Päckchen Vanillezucker steif schlagen.
- Die Torte damit verzieren (evtl. auch mit Obst).

Pflaumen - Amarettini - Torte

Zutaten Tortenboden:

120 g weiche Butter
100 g Amarettini - Kekse
100 g Löffelbiskuits

Zutaten Belag:

400 g Pflaumen
400 g Naturjoghurt
400 g Schlagsahne
40 g Sofortgelatine / Fertiggelatine
40 g Zucker

Zubereitung:

- Für den Boden Löffelbiskuits und Amarettini zerbröseln.
- Beides mit der Butter verkneten.
- Knete in eine Springform (evtl. mit Backpapier) drücken.
- Boden etwa 30 Minuten kalt stellen.
- Für den Belag Pflaumen in kleine Stücke schneiden.
- Sahne mit 15 g Gelatinepulver steif schlagen.
- Restgelatine und Zucker vermischen.
- Mischung unter den Joghurt rühren.
- Sahne und Pflaumenstücke unterheben.
- Joghurtsahne auf den Tortenboden geben.
- Mindestens drei Stunden im Kühlschrank kühl stellen.
- Vor dem Servieren mit Pflaumenvierteln garnieren.

Ägyptischer Mandelkuchen

Zutaten:

270 g gemahlene Mandeln
6 Eier
200 g Zucker
3 EL Honig
¼ TL Kardamon
Puderzucker

Zubereitung:

- Die Eier trennen.
- Eiweiß steif schlagen.
- Eigelb, Zucker, Honig und Kardamon verrühren.
- Mandeln unterrühren.
- Eischnee unterheben.
- Teig in eine gefettete Springform geben.
- Bei 180° C etwa 30 Minuten backen.
- Evtl. mit Alufolie abdecken.
- Vor dem Servieren mit Puderzucker überstreuen.

Eierlikörkuchen

Zutaten:

250 g Puderzucker
250 g Mehl
1 Päckchen Backpulver
5 Eier
150 ml Sonnenblumenöl
300 ml Eierlikör

Zubereitung:

- Mehl und Backpulver vermischen.
- Eier schaumig schlagen.
- Puderzucker, Öl und Eierlikör unter Rühren dazugeben.
- Mehlmischung unterrühren.
- Teig in eine gefettete Kranzform geben.
- Bei 170° C etwa 60 Minuten backen.
- In der Form erkalten lassen.
- Vor dem Servieren mit Puderzucker überstreuen.

Erdbeer - Marzipan - Torte

Zutaten:

200 g gemahlene Mandeln
4 Eier
1 Päckchen Vanillezucker
600 g Schlagsahne
150 g Marzipanrohmasse
200 g Zucker
50 g Puderzucker
20 g Sofortgelatine / Fertiggelatine
600 g Erdbeeren
1 Päckchen Tortenguss (rot)

Zubereitung:

- Eier und Zucker schaumig rühren.
- Die gemahlenen Mandeln unterrühren.
- Den Teig in eine gefettete Springform geben.
- Mit 180° C etwa 25 Minuten backen.
- Tortenboden auskühlen lassen.
- Marzipan zusammen mit 150 g Sahne pürieren.
- Restliche Sahne mit Vanillezucker und Gelatine steif schlagen.
- Puderzucker und Sahne unter die Marzipancreme heben.
- Creme auf den abgekühlten Tortenboden streichen.
- Torte mindestens 2 Stunden kühl stellen.
- Erdbeeren halbieren und auf den Tortenboden legen.
- Tortenguss nach Anweisung anrühren und auf die Erdbeeren geben.
- Erdbeertorte noch einmal kalt stellen.
- Verzieren mit Erdbeeren und/oder Sahne.

Gugelhupf mit Kokosnuss

Zutaten:

250 g Mehl
150 g Zucker
½ Päckchen Backpulver
1 Prise Salz
150 g zerlassene Butter
150 ml Milch
150 g Kokosraspel
3 Eier

Zubereitung:

- Butter, Eier und Zucker schaumig rühren.
- Nach und nach die restlichen Zutaten unterrühren.
- Eine Gugelhupfform gut einfetten.
- Den Teig einfüllen und glatt streichen.
- Auf mittlerer Schiene bei 180° C etwa 45 Minuten backen.
- Kuchen in der Form ca. 15 Minuten erkalten lassen.
- Dann den Gugelhupf stürzen.
- Für das schöne Aussehen mit Puderzucker bestäuben.

Nusskuchen mit Kirschen

Zutaten:

120 g gemahlene Haselnüsse
600 g Sauerkirschen
200 g Mehl
170 g weiche Butter
200 g Zucker
4 Eier
1 Päckchen Vanillezucker
2 TL Backpulver
80 ml Irish Coffee Likör
1 Prise Salz
Puderzucker

Zubereitung:

- Kirschen waschen und entsteinen.
- Eier trennen.
- Eiweiß mit der halben Zuckermenge und Salz steif schlagen.
- Butter, Restzucker und Vanillezucker cremig rühren.
- Eigelb nach und nach unterrühren.
- Mehl, Nüsse und Backpulver vermischen.
- Zusammen mit dem Likör unter die Eiercreme heben.
- Eischnee ebenfalls unterheben.
- Eine Springform einfetten und mit etwas Mehl bestäuben.
- Teig einfüllen und glatt streichen.
- Kirschen auf den Teig geben und etwas andrücken.
- Bei 180° C etwa 45 – 55 Minuten backen.
- Vor dem Servieren mit Puderzucker überstäuben.

Stachelbeer - Baiser - Torte

Zutaten Teig:

125 g Mehl
300 g Zucker
100 g Butter
1 Päckchen Vanillezucker
4 Eier
1 TL Backpulver (gestrichen)
150 g Mandelblättchen

Zutaten Füllung:

400 g Stachelbeeren (Glas)
500 g Schlagsahne
2 Päckchen Vanillezucker
1 Päckchen Tortenguss, klar
2 Päckchen Sahnesteif
1 EL Zucker
250 ml Stachelbeersaft

Zubereitung:

- Die Eier trennen.
- Butter, 100 g Zucker und Eigelb cremig rühren.
- Mehl mit Backpulver mischen und unterrühren.
- Eiweiß steif schlagen.
- Dabei den Zucker einrieseln lassen.
- Halbe Teigmenge in eine gut gefettete Springform streichen.
- Eischneemenge halbieren und auf den Teig geben.
- Die Hälfte der Mandeln über den Eischnee streuen.
- Bei 180° C etwa 20 Minuten backen (untere Schiene).
- Zweiten Boden ebenso backen.

- Beide Böden abkühlen lassen.
- Stachelbeeren abtropfen lassen, den Saft auffangen.
- Tortenguss mit dem Saft und Zucker nach Packungs-anweisung zubereiten.
- Die Stachelbeeren unterrühren.
- Abkühlen lassen.
- Schlagsahne mit Sahnesteif und Vanillezucker steif schlagen.
- Stachelbeeren auf einem der Tortenböden verteilen.
- Beeren mit der Sahne bestreichen.
- Zweiten Boden vorsichtig in 12 – 16 Stücke schneiden.
- Geschnittene Stücke auf die Torte geben.
- Mindestens eine Stunde kühl stellen.

Dresdener Eierschecke

Zutaten Teig:

250 g Mehl
60 g Zucker
125 g Butter
1 Ei

Zutaten Quarkbelag (1. Schicht):

500 g Quark
60 g Butter
200 g Zucker
1 Päckchen Vanillepudding
1 Päckchen Vanillezucker
1 Ei

Zutaten Schecke (2. Schicht):

4 Eier
250 ml Milch
180 g Butter
200 g Zucker
1,5 Päckchen Vanillepudding

Zubereitung:

- Alle Teigzutaten zu einem glatten Teig verkneten.
- Teig in Folie gewickelt 30 Minuten im Kühlschrank kühlen.
- Für die Schecke den Pudding mit etwas „Scheckenzucker" kochen.
- Pudding abkühlen lassen.
- In der Zwischenzeit alle Quarkbelagzutaten glatt rühren.

- Eine Springform fetten und mit etwas Grieß oder Paniermehl ausstreuen.
- Den gekühlten Teig in die Form drücken bzw. ausrollen.
- Dabei einen Rand hochziehen.
- Die Quarkcreme auf den Teigboden geben und glatt streichen.
- Für die Schecke alle 4 „Scheckeneier" trennen.
- Eiweiß mit 3 EL „Scheckenzucker" zu Eischnee schlagen.
- Restzucker und Butter unter den abgekühlten Pudding rühren.
- Eigelb nach und nach unterrühren.
- Den Eischnee unterheben.
- Eierschecke auf die Quarkcreme streichen.
- Bei 160° C etwa 60 – 70 Minuten backen.
- Nach etwa der halben Backzeit den Kuchen mit Alufolie abdecken.

Käsekuchen a la Knedlik

Zutaten Teig:

250 g Mehl
75 g Zucker
125 g Butter
1 Ei
½ Päckchen Backpulver
1 Päckchen Vanillezucker

Zutaten Füllung:

1000 g Schichtkäse
150 g Zucker
4 Eier
1 Päckchen Vanillepudding

Zubereitung:

- Teigzutaten zu einem geschmeidigen Teig kneten.
- Im Kühlschrank den Teig zugedeckt 1 Stunde ruhen lassen.
- Boden einer Springform mit Backpapier auslegen.
- Form mit dem Teig auslegen.
- Dabei einen Teigrand (ca. 3 cm hoch) hochziehen.
- Für die Füllung die Eier trennen.
- Käse, Puddingpulver, Zucker und Eigelb gut verrühren.
- Eiweiß steif schlagen.
- Eischnee unter die Füllungsmasse heben.
- Füllung auf den Teigboden geben und glatt streichen.
- Bei 175° C etwa 60 – 70 Minuten backen.
- Nach der halben Backzeit evtl. mit Alufolie abdecken.

Marzipan – Apfel -Blechkuchen

Zutaten Teig:

500 g Mehl
250 g Zucker
250 g Butter
2 Eier
1 Päckchen Vanillezucker
Milch
1 Prise Salz

Zutaten Belag:

1300 g Äpfel (sauer)
200 g Schmand
200 g Marzipan-Rohmasse
4 Eier
gehobelte Mandeln
2 EL Zitronensaft

Zubereitung:

- Teigzutaten zu einem geschmeidigen Teig kneten.
- Zugedeckt ca. 30 Minuten im Kühlschrank ruhen lassen.
- Die Marzipan – Rohmasse sehr klein schneiden.
- Kleines Marzipan mit den Eiern glatt rühren.
- Schmand dazugeben und gut verrühren.
- Die Äpfel schälen und in Spalten schneiden.
- Sofort mit dem Zitronensaft übersprühen.
- Den Teig auf einem gefetteten Backblech ausrollen.
- Die Äpfel schuppenartig darauf verteilen.
- Alles mit der Marzipanmasse übergießen.
- Marzipan mit den Mandelblättchen bestreuen.
- Bei 200° C ca. 35 Minuten backen.

Streusel - Kirsch - Kuchen

Zutaten:

125 g weiche Butter
1 Päckchen Vanillepudding
1 Glas Sauerkirschen
100 g Magerquark
60 g Kokosraspel
1 TL Backpulver

375 g Mehl
150 g Zucker
1 Ei
3 EL Milch
3 EL Öl
1 Prise Salz

Zubereitung:

- Kirschen abtropfen lassen und den Saft auffangen.
- Puddingpulver mit 50 g Zucker vermischen.
- Beides mit 100 ml Kirschsaft anrühren.
- In einem Topf 200 ml Kirschsaft aufkochen.
- Abgetropfte Kirschen unterrühren.
- Noch einmal aufkochen lassen.
- Angerührtes Puddingpulver einrühren.
- Etwa eine Minute leicht köcheln lassen.
- Kirschmasse in eine Schüssel geben.
- Kokosraspel, 150 g Mehl und 50 g Zucker vermischen.
- Zusammen mit der Butter zu Streuseln verkneten.
- Quark, Ei, Restzucker, Öl und Milch verrühren.
- Restmehl, Salz und Backpulver vermischen.
- Mischung unter die Quarkmasse kneten.
- Teig ausgerollt in eine gefettete Springform geben.
- Dabei einen etwa 3 cm hohen Rand hochziehen.
- Kirschmasse auf den Teig geben.
- Teigrand etwas umklappen.
- Streusel auf den Kirschen verteilen.
- Bei 200° C etwa 25 Minuten backen.
- Fertigen Kuchen mit Puderzucker überstäuben.

Apfel - Schmandkuchen

Zutaten:

300 g Blätterteig (tief gefroren)
3 Eier
50 g Zucker
350 g Schmand
1 Päckchen Vanillezucker
1 kg Äpfel
3 EL Puderzucker
300 ml Cidre
Saft von einer Zitrone

Zubereitung:

- Blätterteig etwa 15 Minuten auftauen lassen.
- Äpfel schälen und in Scheiben schneiden.
- In einer Pfanne Cidre, Zucker und Zitronensaft zum Kochen bringen.
- Äpfel darin 7 Minuten dünsten.
- Anschließend abkühlen lassen.
- Blätterteig übereinander legen.
- Auf einer „mehligen" Arbeitsfläche ausrollen.
- Springform einfetten und mit Paniermehl ausstreuen.
- Teig so groß zuschneiden, dass der Boden der Form bedeckt ist und ein Rand von ca. 3 cm hoch steht.
- Äpfel abtropfen lassen.
- Abgetropfte Äpfel auf den Teigboden geben.
- Eier, Puderzucker, Vanillezucker und Schmand in einer Schüssel verrühren.
- Schmandcreme über die Äpfel geben.
- Im Backofen bei 200° C etwa. 30 Minuten backen.

Käsekuchen mit Kirschen

Zutaten Teig:

300 g Mehl	50 g Butter
40 g Hefe	100 ml Milch
60 g Zucker	1 Prise Salz
35 g gemahlene Mandeln	

Zutaten Belag:

1 Glas Sauerkirschen	150 g Butter
500 g Quark	500 g Frischkäse
100 g Speisestärke	150 g Zucker
2 EL Kirschwasser	2 Eier

Zubereitung:

- Für den Teig die Hefe klein zerbröseln.
- Mit dem Zucker, etwas Mehl und Milch zu einem Vorteig verrühren.
- Etwa 10 Minuten ruhen lassen.
- Vorteig mit Restmehl, Restmilch, Salz, Butter und Mandeln verkneten.
- Zugedeckt eine halbe Stunde gehen lassen.
- Teig in eine gefettete Springform geben.
- Dabei einen Rand von ca. 3 cm hochziehen.
- Für den Belag die Kirschen abtropfen lassen.
- Eier trennen.
- Eiweiß steif schlagen.
- Quark, Frischkäse, Zucker, Butter Eigelb und Kirschwasser verrühren.
- Kirschen, Speisestärke und Eischnee unterheben.
- Käsemasse auf dem Tortenboden glatt streichen.
- Bei 160° C etwa 50 – 60 Minuten backen.

Pflaumenkuchen mit Kokoshaube

Zutaten Teig:

1 Päckchen Fertighefe
40 g zerlassene Butter
125 ml Milch
1 Eigelb

270 g Mehl
45 g Zucker
1 Ei
1 Prise Salz

Zutaten Belag:

600 g Pflaumen
150 g Sahne
80 g Zucker

4 Eier
125 g Kokosraspeln
1 EL Speisestärke

Zubereitung:

- Für den Teig Hefe, Mehl, Zucker und Salz mischen.
- Ei, Eigelb, Butter und lauwarme Milch unterkneten.
- Kneten, bis sich der Teig vom Schüsselrand löst.
- Hefeteig zugedeckt etwa 45 Minuten gehen lassen.
- Für den Belag die Eier trennen.
- Die Pflaumen entsteinen und in Viertel schneiden.
- Eiweiß steif schlagen.
- Sahne ebenfalls steif schlagen.
- Eigelb mit dem Zucker cremig rühren.
- Speisestärke und Kokosraspeln unterrühren.
- Die Sahne und den Eischnee unterheben.
- Teig ausgerollt in eine gefettete Springform legen.
- Dabei einen 3 cm Rand hochziehen.
- Pflaumen auf dem Teig verteilen.
- Kokosmasse über die Pflaumen streichen.
- Bei 200° C etwa 40 Minuten backen.
- Evtl. mit Alufolie abdecken.
- Abgekühlten Kuchen mit Kokosraspeln garnieren.

Erdbeer - Tiramisu - Torte

Zutaten:

60 g Mehl	150 g Zucker
15 g Speisestärke	3 Eier
5 EL starken Espresso	1 Prise Salz
700 g Erdbeeren	500 g Mascarpone
200 g Magerquark	400 g Schlagsahne
30 g Sofortgelatine / Fertiggelatine	

Zubereitung:

- Espresso kochen und abkühlen lassen.
- Eier trennen.
- Das Eiweiß mit 85 g Zucker und Salz steif schlagen.
- Die verquirlten Eigelbe unter das Eiweiß rühren.
- Mehl und Stärke mischen und unterheben.
- Teig in eine Springform (mit Backpapier) geben.
- Bei 175° C etwa 15 Minuten backen.
- Biskuitboden auskühlen lassen.
- 400 g Erdbeeren in kleine Stücke schneiden.
- Restzucker, halbe Gelatine, Mascarpone und Quark verrühren.
- Sahne und Restgelatine steif schlagen.
- Etwas Sahne für Verzierungen beiseite nehmen.
- Restliche Sahne unter die Quarkcreme heben.
- Kleingeschnittene Erdbeeren ebenfalls unterheben.
- Springformrand um den Tortenboden legen.
- Biskuitboden mit dem Espresso tränken.
- Erdbeercreme auf den Biskuitboden geben.
- Restliche Erdbeeren halbieren.
- Mit Sahne und Erdbeeren die Torte garnieren.
- Torte mindestens eine Stunde kühl stellen.

Käsesahnetorte mit Mandarinen

Zutaten Tortenboden:

50 g Zucker

25 g Speisestärke

25 g gemahlene Haselnüsse

3 Eier

50 g Mehl

1 Päckchen Vanillezucker

Zutaten Belag:

500 g Magerquark

250 g Mascarpone

250 g Vollmilchjoghurt

2 Dosen Mandarinen

60 g Sofortgelatine / Fertiggelatine

100 g Zucker

4 cl Eierlikör

Saft einer Zitrone

400 g Sahne

Zubereitung:

- Für den Tortenboden die Eier trennen.
- Zucker, Vanillezucker und Eigelb schaumig rühren.
- Mehl, Speisestärke und Nüsse unterrühren.
- Eiweiß steif schlagen und unterheben.
- Teig in eine gefettete Springform geben.
- Bei 180° C etwa 20 Minuten backen.
- Für den Belag Quark, Mascarpone, Joghurt, Zucker, Eierlikör und 15 g Gelatine verrühren.
- Den Zitronensaft mit 30 g Gelatine erhitzen.
- Etwas abgekühlten Saft unter die Quarkmasse rühren.
- Sahne mit 15 g Gelatinepulver steif schlagen.
- Steifgeschlagene Sahne unter die Quarkmasse heben.
- Springformrand um den Biskuitboden legen.
- Mandarinen abgetropft auf dem Boden verteilen.
- Quarkmasse einfüllen und glatt streichen.
- Im Kühlschrank mindestens 4 Stunden kühlen.
- Mit Mandarinen verziert servieren.

Toffifee - Torte

Zutaten Böden:

15 Löffelbiskuit   3 Eier
100 g gemahlene Haselnüsse   150 g Zucker
1 TL Backpulver   25 g Mehl

Zutaten Belag:

30 g Trinkschokoladenpulver   800 ml Sahne
30 g Sofortgelatine / Fertiggelatine   30 Toffifee

Zubereitung:

- Eier trennen.
- Eiweiß mit halber Zuckermenge steif schlagen.
- Den restlichen Zucker mit dem Eigelb verrühren.
- Eiweißcreme unter die Eigelbcreme heben.
- Löffelbiskuit fein zerbröseln.
- Mehl, Backpulver, Haselnüsse und Löffelbiskuit vermischen und unter die Eiercreme rühren.
- Den Teig in eine gefettete Springform geben.
- Bei 180° C etwa 30 Minuten backen.
- Tortenboden auskühlen lassen.
- Gekühlten Boden waagerecht teilen.
- 18 Toffifee klein hacken.
- 400 ml Sahne mit 15 g Fertiggelatine steif schlagen.
- Gehackte Toffifee unterrühren.
- Toffifeesahne auf den unteren Biskuitboden streichen.
- Zweiten Boden auflegen.
- Restsahne und Restgelatine steif schlagen.
- Schokoladenpulver unterrühren.
- Mit der Schokosahne und den restlichen 12 Toffifee verzieren.

Tropische Verführung

Zutaten:

25 g Speisestärke	5 Eigelb/Eiweiß
1 Päckchen Vanillezucker	75 g Mehl
1 TL Backpulver	190 g Zucker
50 g gemahlene Haferflocken	1 EL Zitronensaft
2 kleine Dosen Ananasstücke	500 g Magerquark
600 ml Schlagsahne	15 g Kokosraspeln
400 ml Ananassaft	60 g Sofortgelatine

Zubereitung:

- Für den Tortenboden 140 g Zucker, Vanillezucker, Eigelb und 4 EL warmes Wasser schaumig rühren.
- Mehl, Speisestärke, Backpulver, Zitronensaft und Haferflocken unterrühren.
- Eiweiß steif schlagen und unterheben.
- Teig in eine Springform (mit Backpapier) geben.
- Bei 175° C etwa 20 Minuten backen.
- Tortenboden abkühlen lassen.
- Für den Belag den Ananassaft erwärmen und die halbe Menge Gelatine einrühren.
- Quark und Restzucker unterrühren.
- Die Creme kalt stellen bis sie geliert.
- Sahne mit Restgelatine steif schlagen.
- Ananasstücke mit der Sahne unter die Creme heben.
- Den Tortenboden halbieren.
- Einen Tortenring um den unteren Boden legen.
- ¾ der Ananascreme auf dem unteren Boden verteilen.
- Den zweiten Tortenboden auflegen.
- Die restliche Ananascreme aufstreichen.
- Torte mit den Kokosflocken überstreuen.
- Vor dem Servieren die Torte einige Stunden kühlen.

Vom gleichen Autor bereits erschienen:

Wärme

Poesie vieler Jahre

Poesie, die am Beginn einer Liebesbeziehung steht und im hoffentlich immer noch aufregenden Alltag mündet.

Poesie im Reigen der Jahreszeiten und beim (Liebes-) Wetter.

Poesie aber auch zum Abschied, der manchmal auch im Wiedersehen endet.

Poesie der Besonderheiten und Begebenheiten, die den Autor in den letzten Jahren besonders berührt haben.

© 2011 by Hans-Georg Karl

Herstellung und Verlag: Books on Demand GmbH, Norderstedt

ISBN: 978-3-8423-5784-6

Hardcover, 92 Seiten, € 14,90